FICHA CATALOGRÁFICA

(Preparada na Editora)

Baduy Filho, Antônio, 1943-

B129v   *Vivendo a Doutrina Espírita* - vol. IV / Antônio
Baduy Filho, Espírito André Luiz. Araras, SP,
1ª edição, 2015.

320 p.

ISBN 978-85-7341-663-3

1. Espiritismo. 2. Psicografia - Mensagens
I. André Luiz. II. Título.

CDD -133.9
-133.91

Índices para catálogo sistemático:

1. Espiritismo 133.9
2. Psicografia: Mensagens: Espiritismo 133.91

ANTÔNIO BADUY FILHO

Vivendo a
DOUTRINA
ESPÍRITA

volume *quatro*

ISBN 978-85-7341-663-3

1ª edição - Setembro/2015

Copyright © 2015,
Instituto de Difusão Espírita - IDE

Conselho Editorial:
Hércio Marcos Cintra Arantes
Doralice Scanavini Volk
Wilson Frungilo Júnior

Projeto Editorial:
Jairo Lorenzeti

Revisão de texto:
Mariana Frungilo

Capa:
César França de Oliveira

Diagramação:
Maria Isabel Estéfano Rissi

INSTITUTO DE DIFUSÃO ESPÍRITA - IDE
Av. Otto Barreto, 1067 - Cx. Postal 110
CEP 13600-970 - Araras/SP - Brasil
Fone (19) 3543-2400
CNPJ 44.220.101/0001-43
Inscrição Estadual 182.010.405.118

www.ideeditora.com.br
editorial@ideeditora.com.br

Todos os direitos reservados. Nenhuma parte desta publicação pode ser reproduzida, armazenada ou transmitida, total ou parcialmente, por quaisquer métodos ou processos, sem autorização do detentor do copyright.

ANTÔNIO BADUY FILHO

Vivendo a DOUTRINA ESPÍRITA

volume *quatro*

Comentários ao
"O Livro dos
Espíritos"

pelo Espírito
ANDRÉ LUIZ

ide

O LIVRO DOS ESPÍRITOS

O Livro dos Espíritos guarda em suas páginas a essência da Doutrina Espírita. É o advento do Consolador prometido por Jesus.

E a presença do Espírito de Verdade em seu conteúdo, recordando o ensinamento autêntico do Evangelho e anunciando novos conhecimentos, aponta horizontes mais amplos na compreensão das leis divinas.

Empreendemos neste trabalho, através de páginas simples e objetivas (*), um estudo metódico

---

(*) Nota do médium – Todos os textos foram revisados pelo Espírito André Luiz, inclusive os já publicados na imprensa espírita e como mensagens avulsas, o que explica eventuais alterações na forma dos mesmos, sem prejuízo do conteúdo.

dessas questões, acentuando sempre o enriquecimento interior com o esforço da transformação moral.

Buscamos em você, caro leitor, a companhia fraterna para esta jornada fascinante e esclarecedora, rogando sempre as bênçãos do Senhor.

ANDRÉ LUIZ

Ituiutaba, outubro de 2014

COLEÇÃO ▶ VIVENDO A DOUTRINA ESPÍRITA

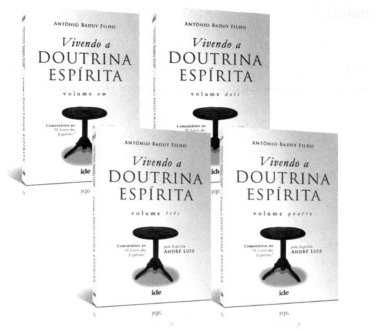

Volumes Um, Dois, Três e Quatro | Espírito ANDRÉ LUIZ

Esta é mais uma coleção do Espírito André Luiz, através da mediunidade de Antônio Baduy Filho, desta feita, acompanhando as questões de "O Livro dos Espíritos", de Allan Kardec.

Trata-se de quatro preciosos volumes que, obedecendo a sequência e a mesma ordem dos capítulos e das questões da referida obra, oferecem-nos profundas orientações, em busca da paz e da elevação espiritual.

www.ideeditora.com.br

SUMÁRIO
volume quatro

AS LEIS MORAIS

IX - *Lei de igualdade*

437 - Tesouro 16
438 - Miséria moral 18
439 - Você tem 20
440 - Direitos iguais 22
441 - Melhor monumento 24

X - *Lei de liberdade*

442 - Liberdade absoluta 27
443 - Você também 29
444 - Escravidão 31
445 - Usina de paz 33
446 - Garantia do bem 35
447 - Exemplo de vida 37
448 - Pureza original 39
449 - Domínio 41
450 - Força instintiva 43
451 - Restrição 45
452 - É livre-arbítrio 47
453 - Insucessos repetidos 49
454 - Precauções 51
455 - Perigos úteis 53
456 - Dever cumprido 55
457 - Escolha certa 57
458 - Predestinação 59
459 - Caminho errado 61
460 - Roteiro 63
461 - Facilidades 65
462 - Remédio amargo 67

463 - Sementeira 69
464 - Inspiração 71
465 - Novo caminho 73
466 - Fatalidade 75
467 - Esforço constante 77

XI - *Lei de justiça, de amor e de caridade*

468 - Sentimento de justiça 80
469 - Ser justo 82
470 - Roteiro do bem 84
471 - Consciência em paz 86
472 - Direito de possuir 88
473 - Norma de vida 90
474 - Desafeto 92
475 - Esmola do momento 94
476 - Não fracasse 96
477 - Amor de mãe 98
478 - Mães doentes 100
479 - Desgosto 102

XII - *Perfeição moral*

480 - Virtude maior 105
481 - Mérito 107
482 - Interesse pessoal 109
483 - Desinteresse 111
484 - Sem vantagem 113
485 - Meios 115
486 - Então 117
487 - Dinheiro e você 119
488 - Difícil 121
489 - No mínimo 123
490 - Exagero 125
491 - Sempre possível 127
492 - Não há dúvida 129
493 - Roteiro certo 131
494 - Dentro do possível 133
495 - Autoconhecimento 135

ESPERANÇAS E CONSOLAÇÕES

I - *Penas e gozos terrestres*

496 - Quanto possível 138
497 - O que é necessário 140

498 - Prova necessária 142
499 - Empréstimo divino 144
500 - Felicidade legítima 146
501 - Equilíbrio também 148
502 - Vocação 150
503 - Fome 152
504 - Aflições ocultas 154
505 - Coragem e ânimo 156
506 - Roteiro de vida 158
507 - Ente querido 160
508 - Comunicação espiritual 162
509 - Vida eterna 164
510 - Perseverança no bem 166
511 - O exemplo do Cristo 168
512 - Uniões antipáticas 170
513 - Esse alguém 172
514 - Seja melhor 174
515 - Ideia de suicídio 176
516 - Vergonha 178
517 - Melhor vida 180
518 - Sacrifício íntimo 182
519 - É suicídio 184
520 - Calendário divino 186
521 - Situações de risco 188
522 - Vivência no bem 190
523 - É problema 192

II - *Penas e gozos futuros*

524 - Não existe 195
525 - Existe 197
526 - É vida 199
527 - Punição 201
528 - Imagens 203
529 - Espírito bom 205
530 - Louvor a Deus 207
531 - Espíritos inferiores 209
532 - Sintonia com o bem 211
533 - Espírito do bem 213
534 - Chamas da ilusão 215
535 - Felicidade futura 217
536 - Teia de ilusões 219
537 - Consciência culpada 221
538 - Caminhos 223
539 - Seja feliz 225
540 - Pergunte 227

541 - Caminho direto 229
542 - Reparação 231
543 - Vidas sucessivas 233
544 - Com o bem 235
545 - Mesmo mundo 237
546 - Seja útil 239
547 - Faça logo 241
548 - Mude já 243
549 - Transformação útil 245
550 - Não fique 247
551 - Você permite 249
552 - Coração insensível 251
553 - Reconheça 253
554 - Não é diferente 255
555 - Solução definitiva 257
556 - Generosidade 259
557 - Encontro com o bem 261
558 - Alguém sofre 263
559 - Percepção do tempo 265
560 - Só o bem 267
561 - Mesma situação 269
562 - Alguma restrição 271
563 - Diferente de você 273
564 - Não há razão 275
565 - É semelhante 277
566 - Quantas vezes 279
567 - Fique atento 281
568 - Inferno e paraíso 283
569 - Purgatório 285
570 - Linguagem figurada 287
571 - Almas penadas 289
572 - Vida no corpo 291
573 - Reino de Jesus 293
574 - Sua parte 295

CONCLUSÃO

575 - Crítica insistente 298
576 - Escolha sensata 300
577 - Progresso válido 302
578 - É o Consolador 304
579 - O bem maior 306
580 - O Espiritismo transforma 308
581 - Moral espírita 310
582 - Bênção divina 312

As Leis Morais

Capítulo IX

Lei de igualdade

437

TESOURO

Questões 811 e 812

Facilite, tanto quanto possível, o bem-estar do próximo.

&

Ajuda?
Não negue.

Perdão?
Não recuse.

Esmola?
Não evite.

Tolerância?
Não rejeite.

Paciência?
Não hesite.

Pedido?
Não vacile.

Apoio?
Não recue.

Conselho?
Não sonegue.

Aflição?
Não se omita.

Socorro?
Não se oculte.

Miséria?
Não ignore.

Desespero?
Não se ausente.

સ

Viva sempre de acordo com as lições do Evangelho e não desconheça a dor alheia, na certeza de que será possível a igualdade da riqueza se o tesouro da boa vontade estiver presente no coração de todos.

438
MISÉRIA MORAL

Questão 813

Reconheça os adversários da riqueza sadia.

෫෯

Desperdício.
Joga fora o que é útil.

Prodigalidade.
Não valoriza o equilíbrio.

Orgulho.
Humilha através da moeda.

Egoísmo.
Não edifica o bem comum.

Vaidade.
Faz questão de se mostrar.

Avareza.
Não abre a mão para o outro.

Usura.
Denigre o ouro conquistado.

Mesquinhez.
Não reconhece o próximo.

Ostentação.
Exibe aquilo que possui.

Ganância.
Não se contenta com o que tem.

❧

Cuide dos bens que a Providência Divina coloca sob sua responsabilidade e aja com sensatez e prudência, educando-se através dos ensinamentos do Evangelho, a fim de que, estando na posse da riqueza, você não esteja também na miséria moral.

439
VOCÊ TEM

Questões 814 a 816

Você tem a riqueza

❧

Tem dinheiro. Gaste o que deseja, mas não deixe de fazer a doação humanitária.

Tem bens. Colecione escrituras, mas seja solidário à instituição beneficente.

Tem empresa. Contabilize os lucros, mas não se esqueça do auxílio ao necessitado.

Tem mansão. Viva com todo o conforto, mas visite o casebre da família carente.

Tem mesa farta. Coma do melhor, mas reserve algum alimento à criança faminta.

Tem vestuário de luxo. Vista-se como queira, mas lembre-se da peça de roupa ao irmão maltrapilho.

Tem ouro. Acumule o metal nobre, mas não negue a moeda ao mendigo.

Tem joia. Exiba o colar precioso, mas favoreça a mãe pobre com o enxoval ao recém-nascido.

Tem poder. Conserve a posição, mas use a autoridade para promover o bem comum.

ह٠

Assuma a riqueza que a Providência Divina coloca em suas mãos e faça dela instrumento de bem-estar para todos, na certeza de que, agindo assim, sua fortuna não será impedimento para que você esteja a caminho do reino dos céus.

Vivendo a DOUTRINA ESPÍRITA

440
DIREITOS IGUAIS

Questões 817 a 822

Tenha pela mulher a consideração que ela merece.

&

Mãe –
porta da encarnação.

Esposa –
segurança do lar.

Avó –
equilíbrio no afeto.

Tia –
apoio na família.

Filha –
acerto espiritual.

Irmã –
colega de jornada.

Cunhada –
ajuste do passado.

Professora –
luz na instrução.

Serviçal –
ligação pretérita.

Companheira –
amparo no caminho.

❧

Homem e mulher são estágios transitórios na conquista da perfeição espiritual, de modo que, durante a trajetória evolutiva, os Espíritos, em corpo masculino ou feminino, possuem obrigações idênticas quanto ao aprendizado do bem e, da mesma forma, têm direitos iguais na vivência de cada dia, em qualquer circunstância.

Vivendo a DOUTRINA ESPÍRITA ❧ 23

441
MELHOR MONUMENTO

Questões 823 e 824

Repare como você é na vida diária.

੩ຝ

Orgulhoso?
Ou já reconhece a humildade.

Egoísta?
Ou já pensa no bem comum.

Mesquinho?
Ou já aceita a fraternidade.

Colérico?
Ou já considera a calma.

Violento?
Ou já cogita na brandura.

Indigno?
Ou já admite a honradez.

Intransigente?
Ou já valoriza a tolerância.

Inflexível?
Ou já aprova a indulgência.

Hipócrita?
Ou já concorda com a verdade.

Avarento?
Ou já se importa com o próximo.

❧

Analise suas imperfeições e renove-se interiormente com os ensinamentos de Jesus, a fim de que, mais tarde, ao transpor a fronteira da morte, o melhor monumento em sua homenagem seja a lembrança das boas obras.

As Leis Morais

Capítulo X

Lei de liberdade

442

LIBERDADE ABSOLUTA

Questões 825 a 828

Você é livre para seguir as lições do Evangelho.

⁊

Esquecer
a ofensa.

Perdoar
o agressor.

Socorrer
o doente.

Vestir
o desnudo.

Agasalhar
o idoso.

Proteger
a criança.

Alimentar
o faminto.

Amparar
a gestante.

Escutar
o aflito.

Abraçar
o sofredor.

Consolar
o infeliz.

Orientar
o desatinado.

❧

Enfim, é livre para amar o próximo como a si mesmo, de acordo com os ensinamentos de Jesus, de forma que, apesar das restrições do caminho, você tem absoluta liberdade para viver no bem.

443
VOCÊ TAMBÉM

Questões 829 e 830

Não faça do outro o escravo de sua vontade.

❧

Esposa?
Respeite.

Amigo?
Não coaja.

Filho?
Considere.

Serviçal?
Não magoe.

Vivendo a DOUTRINA ESPÍRITA

Sócio?
Entenda.

Parente?
Não obrigue.

Freguês?
Combine.

Aluno?
Não hostilize.

Parceiro?
Concorde.

Pedinte?
Não discuta.

Opositor?
Concilie.

Rival?
Não insulte.

❧

Não exija que alguém se escravize às suas ideias, certo de que, agindo assim, você também se torna escravo do próprio orgulho.

444
ESCRAVIDÃO

Questões 831 e 832

Não seja escravo dos sentimentos inferiores.

ॐ

Egoísmo?
É engano, livre-se.

Orgulho?
É ardil, afaste.

Vaidade?
É ilusão, fuja.

Mentira?
É trapaça, largue.

Vivendo a DOUTRINA ESPÍRITA ॐ 31

Intolerância?
É defeito, corrija.

Hipocrisia?
É falta, repare.

Intriga?
É confusão, elimine.

Cólera?
É doença, trate.

Violência?
É opressão, desista.

Ódio?
É atraso, adiante-se.

૨ଈ

Não se deixe subjugar por suas imperfeições morais, entendendo, com o Evangelho de Jesus, que o mal é a fraude que escraviza, e o bem, a verdade que liberta.

445
USINA DE PAZ

Questões 833 e 834

Pense sempre no melhor.

ટ&

Na verdade
que liberta.

No perdão
que absolve.

Na justiça
que protege.

Na caridade
que socorre.

Na tolerância
que entende.

Na paciência
que espera.

No amor
que salva.

Na bondade
que apoia.

Na brandura
que acalma.

Na fé
que fortalece.

Na esperança
que ilumina.

Na benevolência
que pacifica.

❦

Faça do pensamento uma usina de paz, a fim de que sua conduta na vida diária esteja sempre impregnada da energia do bem.

446

GARANTIA DO BEM

Questões 835 a 837

Observe que conduta sua consciência aprova.

≥∂

Exigência.
Ou tolerância.

Egoísmo.
Ou caridade.

Vingança.
Ou perdão.

Hipocrisia.
Ou franqueza.

Mentira.
Ou verdade.

Conflito.
Ou paz.

Agressão.
Ou brandura.

Descrença.
Ou fé.

Desânimo.
Ou coragem.

Orgulho.
Ou humildade.

Ódio.
Ou amor.

Vaidade.
Ou modéstia.

Aflição.
Ou esperança.

ﻦ

Analise com critério cada atitude e eduque-se através das lições do Evangelho, a fim de que a transformação moral aconteça e sua consciência seja a garantia do bem dentro de você.

447
EXEMPLO DE VIDA

Questões 838 a 841

A crença perniciosa utiliza instrumentos do mal.

🙢

Violência.
Que transtorna.

Agressão.
Que fere.

Intolerância.
Que incomoda.

Tirania.
Que oprime.

Prepotência.
Que humilha.

Mentira.
Que degrada.

Perseguição.
Que atormenta.

Tortura.
Que maltrata.

Cárcere.
Que segrega.

Ódio.
Que aflige.

Terror.
Que mata.

Hipocrisia.
Que engana.

એ

É claro que doutrinas falsas devem ser contestadas pela força das ideias e do convencimento, mas é bom saber que o argumento mais importante nessa peleja é o exemplo de vida de quem defende a crença no bem.

448
PUREZA ORIGINAL

Questão 842

A doutrina que realmente expressa a verdade é aquela que prescreve

amor
e perdão;

caridade
e modéstia;

honradez
e franqueza;

fé
e esperança;

misericórdia
e indulgência;

desprendimento
e compaixão;

fraternidade
e brandura;

devotamento
e renúncia;

benevolência
e abnegação;

solidariedade
e tolerância;

paciência
e concórdia;

paz
e harmonia;

bondade
e justiça.

❧

É aquela doutrina que se alicerça no bem legítimo, adora a Deus como Pai Amantíssimo e enxerga na Humanidade a família maior. É, na essência, o Evangelho de Jesus, que a Doutrina Espírita revive em sua pureza original.

449
DOMÍNIO

Questões 843 e 844

Você tem o domínio da atitude que toma;

do perdão
que exerce;

da agressão
que pratica;

do orgulho
que mantém;

do egoísmo
que mostra;

do trabalho
que executa;

da decisão
que sustenta;

da vaidade
que exibe;

da modéstia
que cultiva;

do caminho
que escolhe;

da obrigação
que recusa;

do mal
que difunde;

do bem
que espalha;

do ódio
que entretém;

do amor
que semeia.

❧

Você tem o livre-arbítrio das próprias ações e, por isso mesmo, agindo como quer, é o responsável por tudo o que faz.

450
FORÇA INSTINTIVA

Questão 845

Você pensa no bem e recua;

no perdão
e se vinga;

na caridade
e desiste;

na esperança
e se aflige;

na verdade
e mente;

na fé
e descrê;

na brandura
e ataca;

na calma
e se irrita;

na tolerância
e censura;

na indulgência
e julga;

na fraternidade
e se retrai;

na misericórdia
e acusa;

na paz
e agride.

❧

Você pensa em mudar para melhor, mas não consegue e responsabiliza as forças instintivas do corpo pelo impedimento, quando, na verdade, os impulsos inferiores, que se manifestam em suas atitudes, pertencem exclusivamente ao Espírito, em sua vivência milenar.

451
RESTRIÇÃO

Questões 846 a 850

O livre-arbítrio está sujeito a alguma restrição em diversas circunstâncias.

❧

Idiotia.
E retardo mental.

Neurose.
E psicose.

Lesão cerebral.
E cardiopatia.

Instinto.
E atraso evolutivo.

Obsessão.
E compulsão.

Intoxicação.
E paralisia.

Deficiência física.
E limitação.

Surdez.
E gagueira.

Mudez.
E afasia.

Miséria.
E posição social.

❧

É certo que, muitas vezes, existem obstáculos à manifestação da vontade do Espírito, mas é preciso compreender que tais impedimentos, nos dias de hoje, são consequências do uso indevido do livre-arbítrio, em vidas passadas.

452
É LIVRE-ARBÍTRIO

Questão 851

Quando você

odeia
e se vinga;

mente
e engana;

ofende
e agride;

humilha
e despreza;

intriga
e confunde;

ironiza
e ataca;

explora
e tapeia;

domina
e exige;

compete
e vence;

força
e ganha;

quando você reage desse ou daquele modo, ou escolhe essa ou aquela atitude, está fazendo o que quer. Não é fatalidade. É livre-arbítrio.

453
INSUCESSOS REPETIDOS

Questão 852

Vocé se surpreende com os insucessos que se repetem em seu caminho.

❧

Negocia.
E não prospera.

Compete.
E não vence.

Trabalha.
E não progride.

Arrisca.
E não acerta.

Escreve.
E não convence.

Compõe.
E não agrada.

Peleja.
E não melhora.

Estuda.
E não evolui.

Tenta.
E não consegue.

Esforça-se.
E não alcança.

❧

Os insucessos repetidos na existência atual não são golpes do destino, mas simplesmente o reflexo corretivo daqueles sucessos que, em vidas passadas, você não utilizou para promover o bem comum.

454
PRECAUÇÕES

Questões 853 e 854

Anote algumas precauções que ajudam a manter a vida.

ૐ

Respeito.
Ao corpo.

Prudência.
No volante.

Moderação.
À mesa.

Cuidado.
Com a saúde.

Ausência.
De abusos.

Controle.
Da emoção.

Fuga.
Ao ódio.

Cultivo.
Do amor.

Atenção.
À concórdia.

Interesse.
Na harmonia.

Vivência.
Na paz.

Desvelo.
No bem.

᷿

Tais atitudes não evitam o instante fatal da morte, mas é certo que, agindo assim, você pode contribuir para que ela não aconteça antes da hora.

455
PERIGOS ÚTEIS

Questão 855

Observe as situações perigosas que lhe acontecem na jornada física.

≈

Acidente.
Que delata a imprudência. E favorece a mudança de conduta.

Hemorragia.
Que indica a lesão. E facilita a prevenção do pior.

Dispneia.
Que mostra a doença. E permite o tratamento imediato.

Arritmia.

Que aponta o descontrole cardíaco. E apressa a correção da anomalia.

Fratura.

Que denuncia a afoiteza. E sugere a marcha com calma.

Angina.

Que revela a isquemia. E ajuda a evitar o infarto grave.

Convulsão.

Que acusa o desequilíbrio cerebral. E orienta na eliminação da causa.

Assalto.

Que ameaça a vida. E leva a utilizar o recurso da paciência.

❧

O perigo, que deixa você continuar vivendo no corpo e lhe dá a oportunidade de reflexão e renovação íntima, é aviso da Misericórdia Divina e, sem dúvida nenhuma, é um perigo útil.

456
DEVER CUMPRIDO

Questões 856 a 858

Mantenha sua vida no roteiro do Evangelho.

୬

Na caridade.
Que socorre.

Na paz
Que concilia.

Na calma.
Que sossega.

Na paciência.
Que espera.

Na tolerância.
Que suporta.

No perdão.
Que alivia.

Na esperança.
Que reergue.

No trabalho.
Que dignifica.

Na benevolência.
Que entende.

Na fraternidade.
Que abraça.

Na misericórdia.
Que releva.

No amor.
Que abençoa.

❧

Viva comprometido com a transformação moral, de tal forma que este esforço no bem seja a garantia de que sua morte, em qualquer circunstância, tenha a serenidade do dever cumprido.

457
ESCOLHA CERTA

Questões 859 e 860

A ofensa.
Que você não lança.

A grosseria.
Que você não faz.

A mentira.
Que você não conta.

A intriga.
Que você não espalha.

A aflição.
Que você não sustenta.

O ataque.
Que você não consome.

A esperteza.
Que você não conserva.

O ardil.
Que você não realiza.

A discórdia.
Que você não incendeia.

A falta.
Que você não comete.

A violência.
Que você não pratica.

O ódio.
Que você não alimenta.

વ

Tais situações acontecem assim exatamente porque, inspirado pelo Alto ou mobilizando a própria força interior, você é capaz de eleger o bem como a escolha certa para sua vida.

458
PREDESTINAÇÃO

Questão 861

Saia da inferioridade para a conquista superior;

da inquietude –
para a paciência;

da irritação –
para a tolerância;

da cólera –
para a calma;

da agressão –
para a brandura;

da grosseria –
para a gentileza;

do egoísmo –
para a caridade;

da aflição –
para a esperança;

da descrença –
para a fé;

do orgulho –
para a humildade;

do revide –
para a desculpa;

da mentira –
para a verdade;

da discórdia –
para a paz;

da revolta –
para a aceitação;

da raiva –
para o amor;

entendendo que a reencarnação é oportunidade
para se testar o propósito de reforma íntima, razão
pela qual aquele que busca a experiência no corpo
físico está predestinado a eliminar o mal e construir
o bem.

459

CAMINHO ERRADO

Questão 862

Acontece muitas vezes.

&

O casamento.
É complicado.

O emprego.
Não agrada.

O serviço.
É deplorável.

A profissão.
Não decola.

Vivendo a DOUTRINA ESPÍRITA & 61

O negócio.
É deficiente.

A empresa.
Não prospera.

O comércio.
É frustrante.

O ofício.
Não rende.

O investimento.
É desastroso.

A plantação.
Não produz.

❧

Fracassos repetidos podem ocorrer, durante a experiência física, como prova de paciência e resignação. Contudo, é preciso ter em vista que, muitas vezes, a vida não dá certo, porque você escolhe o caminho errado.

460

ROTEIRO

Questão 863

Viva de acordo com os ensinamentos de Jesus.

❧

Afronta?
Perdoe.

Agressão?
Desculpe.

Ironia?
Releve.

Engano?
Corrija.

Intriga?
Desfaça.

Desânimo?
Reaja.

Aflição?
Confie.

Crítica.
Tolere.

Superior?
Respeite.

Subalterno?
Considere.

Precisão?
Trabalhe.

Caridade?
Pratique.

❧

Qualquer que seja sua posição na vida, siga o roteiro do Evangelho, na certeza de que os costumes sociais são transitórios e o que realmente dura para sempre é o amor ao próximo como a si mesmo.

461
FACILIDADES

Questões 864 e 865

Aprenda a lidar com as facilidades do caminho.

ॐ

Dinheiro?
Que seja produtivo.

Prêmio?
Que seja propício.

Herança?
Que seja digna.

Fortuna?
Que seja honesta.

Sorte?
Que seja útil.

Sucesso?
Que seja prudente.

Poder?
Que seja honrado.

Conforto?
Que seja comedido.

Influência?
Que seja salutar.

Autoridade?
Que seja generosa.

Inteligência?
Que seja benéfica.

༺༒༻

Trate com cuidado a situação favorável que lhe aconteça na jornada evolutiva, a fim de que a facilidade de hoje, na experiência física, não se transforme, amanhã, em dificuldade na vida espiritual.

462
REMÉDIO AMARGO

Questões 866 e 867

Encare a prova aflitiva com a certeza de que não lhe falta o amparo do Alto.

❧

Doença grave?
Não se desespere.

Família difícil?
Não se desanime.

Filho rebelde?
Não se revolte.

Cônjuge ranzinza?
Não o rejeite.

Vivendo a DOUTRINA ESPÍRITA ❧ 67

Parente antipático?
Não se afaste.

Tarefa espinhosa?
Não recue.

Vida atribulada?
Não desista.

Defeito físico?
Não se apequene.

Abandono?
Não se desiluda.

Orfandade?
Não se amargure.

৵

Diante do sofrimento que o aflige, procure no Evangelho a paz e o consolo, certo de que a provação dolorosa que lhe surge no caminho não é fatalidade, é remédio amargo que você mesmo escolheu, para curar as feridas do passado.

463
SEMENTEIRA

Questões 868 a 870

A conduta de hoje é a sementeira que vai produzir no futuro.

૨ન્

Ódio.
É desequilíbrio.

Amor.
É segurança.

Vingança.
É transtorno.

Perdão.
É paz.

Egoísmo.
É mesquinhez.

Fraternidade.
É respeito.

Hipocrisia.
É descrédito.

Franqueza.
É confiança.

Orgulho.
É conflito.

Humildade.
É harmonia.

Preguiça.
É atraso.

Trabalho.
É progresso.

❧

Através das atitudes que toma no presente, você mesmo pode imaginar o que lhe reserva o futuro, pois a sabedoria popular já consagrou o dito, segundo o qual cada um colhe aquilo que planta.

464
INSPIRAÇÃO

Questão 871

Busque no Evangelho a inspiração para a vivência da prova.

≈

Discussão azeda?
Não comece.
Silencie e raciocine.

Esbarrão na rua?
Não complique.
Desculpe e sorria.

Atrito em casa?
Não alimente.
Acalme e dialogue.

Trânsito ruim?
Não se irrite.
Entenda e espere.

Doença rebelde?
Não se apavore.
Trate-se e confie.

Vida difícil?
Não se aflija.
Trabalhe e ore.

Palavra áspera?
Não se ofenda.
Esqueça e perdoe.

Frustração cruel?
Não se inquiete.
Supere e se fortaleça.

∂

Diante da prova que lhe surpreenda a jornada, use o livre-arbítrio para agir de acordo com o bem, a fim de que, mais tarde, seu futuro não seja cúmplice do mal.

465
NOVO CAMINHO

Questão 872

A enfermidade grave.
E dor.

A provação amarga.
E angústia.

O filho ingrato.
E lágrimas.

A família rebelde.
E sofrimento.

A união complicada.
E descontrole.

A tarefa árdua.
E aflição.

A vida difícil.
E miséria.

A orfandade.
E abandono.

O ambiente hostil.
E delinquência.

A deficiência física.
E paralisia.

A doença cerebral.
E retardo.

A alteração da mente.
E demência.

෪

Essas ocorrências na vida não são infortúnios fatais, mas escolhas que você mesmo fez para a experiência no corpo físico, a fim de resgatar as dívidas do passado e preparar um novo caminho para o futuro.

466
FATALIDADE

Questão 872

H á situações que realmente não desejamos.

ॐ

Acidente. Paraplegia.
E angústia.

Cirurgia. Insucesso.
E deficiência.

Epidemia. Contágio.
E morte.

Doença. Dor.
E sofrimento.

Criança. Infecção.
E idiotia.

Tumor. Debilidade.
E consumição.

Gravidez. Distúrbio.
E esterilidade.

Filho ingrato. Agressões.
E padecimento.

❧

Contudo, esses acontecimentos são provas escolhidas e planejadas pelo Espírito, para sua vivência no curso da existência material. Não são fatalidades, são manifestações do livre-arbítrio, exercido legitimamente antes da reencarnação.

467
ESFORÇO CONSTANTE

Questão 872

Faça de sua vida um esforço constante de transformação moral.

⋙

Abandone o ódio.
O amor é que importa.

Rejeite a vingança.
O perdão fortalece.

Afaste a mentira.
A verdade liberta.

Olvide a ofensa.
O esquecimento alivia.

Refugue a hipocrisia.
A franqueza enobrece.

Combata o egoísmo.
A fraternidade vence.

Elimine o orgulho.
A humildade eleva.

Destrua a avareza.
A caridade protege.

Fuja da preguiça.
O trabalho constrói.

Resista à intolerância.
A indulgência acalma.

Expulse a rispidez.
A brandura pacifica.

Afugente o mal.
O bem é que prevalece.

૱

Use o livre-arbítrio de acordo com os ensinamentos do Evangelho, a fim de que suas escolhas de hoje não se transformem no arrependimento de amanhã.

As Leis Morais

Capítulo XI

Lei de justiça, de amor e de caridade

468
SENTIMENTO DE JUSTIÇA

Questões 873 a 876

Cultive o sentimento de justiça na vida diária.

❧

Não critique.
Coopere.

Não desafore.
Converse.

Não constranja.
Dialogue.

Não ironize.
Examine.

Não agrida.
Pacifique.

Não se exalte.
Entenda.

Não sofisme.
Argumente.

Não desmereça.
Considere.

Não humilhe.
Respeite.

Não tapeie.
Seja digno.

❧

Siga o roteiro do Evangelho para sua renovação íntima, afastando as imperfeições que impedem o exercício do bem.

Verá, então, que é simples praticar a justiça.

Basta você querer ao próximo aquilo que deseja para si mesmo.

469
SER JUSTO

Questões 877 a 879

Ser justo é

honrar os pais,
com carinho;

cuidar da família,
com dedicação;

tratar o cônjuge,
com ternura;

ajudar o irmão,
com bondade;

ver o próximo,
com benevolência;

amparar o doente,
com esperança;

atender o pedinte,
com tolerância;

acatar o superior,
com deferência;

dirigir o auxiliar,
com atenção;

encarar o agressor,
com indulgência.

❧

Ser justo é enxergar o outro com solidariedade e respeito a seus direitos, reconhecendo que não há verdadeira justiça se não existe amor e caridade.

470
ROTEIRO DO BEM

Questão 880

Siga na vida o roteiro do bem.

୨ଈ

Não minta.
Diga a verdade.

Não engane.
Seja honesto.

Não discuta.
Fale calmo.

Não brigue.
Tenha paciência.

Não censure.
Entenda melhor.

Não descreia.
Cultive a fé.

Não se aflija.
Confie mais.

Não se acomode.
Trabalhe sempre.

Não se omita.
Exerça a caridade.

Não rumine.
Esqueça a ofensa.

Não se vingue.
Perdoe a falta.

Não odeie.
Ame o próximo.

❧

Viva de acordo com os ensinamentos do Evangelho, a fim de que seu direito de viver não seja empecilho à vida dos outros.

471
CONSCIÊNCIA EM PAZ

Questões 881 e 882

Trabalhe.
Ajunte.
Com honradez.

Produza.
Acumule.
Com esforço.

Colha.
Guarde.
Com decência.

Ganhe.
Economize.
Com sensatez.

Invista.
Aumente.
Com prudência.

Fabrique.
Lucre.
Com correção.

Adquira.
Defenda.
Com a lei.

Construa.
Proteja.
Com o direito.

ê

Reúna agora os bens que lhe garantam o repouso nos dias vindouros, mas não se esqueça de que somente a atividade digna é certeza de consciência em paz no futuro.

472

DIREITO DE POSSUIR

Questões 883 a 885

Use o direito de possuir com honestidade.

❧

Seja digno.
Não trapaceie.

Seja correto.
Não engane.

Seja comedido.
Não exagere.

Seja solidário.
Não retenha.

Seja sincero.
Não minta.

Seja modesto.
Não se gabe.

Seja sóbrio.
Não esbanje.

Seja leal.
Não usurpe.

Seja simples.
Não ostente.

Seja justo.
Não humilhe.

ন্ধ

Conquiste os bens materiais a que você tenha direito, mas lembre-se de que uma propriedade só é legítima quando é adquirida de maneira legítima, entendendo que legitimidade é ausência de prejuízo ao outro.

473

NORMA DE VIDA

Questão 886

Tenha a caridade por norma de vida.

❧

Não se vingue.
Perdoe.

Não se exaspere.
Confie.

Não exija.
Peça.

Não julgue.
Conheça.

Não critique.
Entenda.

Não condene.
Analise.

Não se negue.
Ajude.

Não agrida.
Colabore.

Não se ofenda.
Releve.

Não odeie.
Ame.

❧

Não há renovação íntima sem caridade nas atitudes, motivo pelo qual Jesus anunciou o Evangelho com a lição do amor ao próximo, e Allan Kardec codificou o Espiritismo com a exortação inesquecível: "Fora da caridade não há salvação."

474
DESAFETO

Questão 887

Quem não responde à hostilidade,

não se irrita
com a injúria;

não despreza
o adversário;

não devolve
a ironia;

não ataca
o opressor;

não guarda
a ofensa;

não humilha
o hipócrita;

não aceita
a provocação;

não agride
o mentiroso;

não considera
a intriga;

não desmerece
o opositor.

❧

Quem age dessa forma em tais situações pode ser que ainda não ame o inimigo, conforme o ensinamento de Jesus, mas é bem possível que já comece a compreender que o desafeto é apenas um irmão que errou o caminho.

475
ESMOLA DO MOMENTO

Questão 888

Encontraste o pedinte maltrapilho, quase desnudo, estendendo-te a mão trêmula, em rogativa silenciosa. E pensaste que a esmola daquele momento não seria suficiente para vesti-lo com decência.

Entretanto, quando deste a ele a moeda, o sorriso iluminou-lhe o rosto.

❧

Encontraste o mendigo, coberto de feridas, rogando-te o alívio para as chagas dolorosas. E pensaste que a esmola daquele momento não seria suficiente para tratar sua doença.

Contudo, quando ofereceste a ele o remédio oportuno, o sorriso iluminou-lhe o rosto.

❧

Encontraste a mulher faminta e aflita, pedindo-te algo para o conforto do estômago. E pensaste que a esmola daquele momento não seria suficiente para eliminar sua fome.

No entanto, quando doaste a ela o alimento, o sorriso iluminou-lhe o rosto.

ᐓ

Encontraste a criança desnutrida e deficiente, suplicando-te algum recurso para diminuir a amargura das horas de privação. E pensaste que a esmola daquele momento não seria suficiente para amenizar seu sofrimento.

Todavia, quando ofertaste a ela a quitanda e o doce, o sorriso iluminou-lhe o rosto.

ᐓ

Diante das dificuldades gritantes que encontras pelo caminho, pensas que a pequena ajuda não é suficiente para resolver a grande necessidade.

Entretanto, não deves esquecer que a esmola do momento é apenas o auxílio de emergência, à espera da solução definitiva, da mesma forma que, na escuridão provocada pela falha da usina, a simples chama de uma vela é suficiente para iluminar seu rosto.

Vivendo a DOUTRINA ESPÍRITA ᐓ 95

476
NÃO FRACASSE

Questão 889

Viva de tal forma que não fracasse em suas realizações.

ح

Trabalhe.
E seja capaz.

Invista.
E seja prevenido.

Cresça.
E seja sensato.

Ganhe.
E seja honesto.

Arrisque.
E seja perspicaz.

Aumente.
E seja hábil.

Desfaça.
E seja prudente.

Negocie.
E seja entendido.

Gaste.
E seja cauteloso.

Realize.
E seja inteligente.

૨ે**

Faça de sua conduta, nos dias de hoje, um exemplo de equilíbrio e correção para não desperdiçar os bens que possua e, amanhã, você não precise estender a mão, pedindo a ajuda alheia.

477
AMOR DE MÃE

Questão 890

A mãe, em sintonia com as leis de Deus, tem virtudes em seu amor.

૪૪

Sacrifica a si mesma.
E serve.

Exerce a renúncia.
E sorri.

Percebe a rispidez.
E tolera.

Suporta o desprezo.
E não desiste.

Chora a ausência.
E espera.

Recebe a ofensa.
E perdoa.

Ouve a ironia.
E disfarça.

Sofre a ingratidão.
E esquece.

Sente a agressão.
E abençoa.

Vê a indiferença.
E ainda ama.

૨ટ

Tal sentimento pode até existir em outras circunstâncias, eventuais e temporárias, mas o amor que transcende o tempo e o espaço e ama o outro mais do que a si mesmo, este é o amor de mãe.

478
MÃES DOENTES

Questão 891

Existem, sim, as mães que
detestam –
a maternidade,

abortam –
a gravidez,

odeiam –
o parto,

renegam –
o seio,

rejeitam –
os filhos,

negligenciam –
os cuidados,

desprezam –
os diferentes,

descuidam –
dos enfermos,

agridem –
os deficientes,

abandonam –
os recém-nascidos.

૨૭

Existem, realmente, as mães que não fazem justiça ao título que ostentam, mas convém não esquecer que elas sofrem de grave desvio de conduta e, embora sejam consideradas más, são, na realidade, mães doentes.

Vivendo a DOUTRINA ESPÍRITA ૨૭ 101

479
DESGOSTO

Questão 892

Filhos, muitas vezes, respondem

ao carinho,
com grosseria;

aos cuidados,
com desleixo;

à educação,
com desdém;

à disciplina,
com revolta;

ao conselho,
com ironia;

à bondade,
com rispidez;

à solicitude,
com apatia;

ao zelo,
com desprezo;

à atenção,
com repulsa;

ao amor,
com ingratidão.

৵

Quando sua ternura ao filho tem como resposta o desgosto, rogue ao Alto lhe dê serenidade e perseverança no devotamento, pois se Deus tem esperado por sua transformação moral, é possível que você também possa esperar que seu filho se transforme.

As Leis Morais

Capítulo XII

Perfeição moral

480
VIRTUDE MAIOR

Questão 893

É claro que você tem virtudes.

ə

É sincero.
Não mente.

É operoso.
Trabalha.

É justo.
Não engana.

É tolerante.
Dialoga.

É brando.
Não agride.

É capaz.
Realiza.

É paciente.
Não se aflige.

É solidário.
Colabora.

É honesto.
Não prejudica.

É confiante.
Tem fé.

❧

Não há dúvida de que sua vida está repleta de ações nobres. Contudo, tanto quanto possível, busque no Evangelho o roteiro do amor incondicional, na certeza de que apenas com o esquecimento de si mesmo, na caridade desinteressada, você vai alcançar a virtude maior.

481
MÉRITO

Questão 894

Lute contra seus impulsos inferiores.

ꝰ

Raiva?
Desista.

Ofensa?
Não faça.

Intriga?
Impeça.

Mentira?
Não aceite.

Desprezo?
Interrompa.

Polêmica?
Não comece.

Humilhação?
Renuncie.

Aspereza?
Não continue.

Egoísmo?
Abstenha-se.

Orgulho?
Não alimente.

Inveja?
Afaste.

Ódio?
Não cultive.

Vingança?
Revogue.

ॐ

Não importa se é fácil, ou não, você seguir o roteiro do Evangelho. O mérito está em fazer o bem e o bem é sempre o mesmo, em qualquer circunstância.

482
INTERESSE PESSOAL

Questão 895

Nem sempre sua conduta no bem está isenta do interesse pessoal.

èᴥ

Faz a doação.
E quer o anúncio.

Faz a caridade.
E quer a divulgação.

Faz o trabalho.
E quer a primazia.

Faz o sacrifício.
E quer a recompensa.

Faz a palestra.
E quer o aplauso.

Faz a assistência.
E quer a admiração.

Faz o estudo.
E quer o destaque.

Faz a campanha.
E quer a gratidão.

Faz a prece.
E quer o elogio.

Faz o benefício.
E quer o retorno.

ॐ

No esforço da transformação moral, tenha em mente a conquista do desprendimento, na certeza de que o interesse pessoal não é só o apego aos bens materiais, mas é igualmente a necessidade de ter para si o reconhecimento pelo bem que faz ao próximo.

483
DESINTERESSE

Questão 896

Dê o alimento.
A quem tem fome.

Dê o remédio.
A quem é doente.

Dê a roupa.
A quem necessita.

Dê o emprego.
A quem trabalha.

Dê o livro.
A quem leia.

Dê o agasalho.
A quem tem frio.

Dê o calçado.
A quem carece.

Dê o lápis.
A quem escreve.

Dê a escola.
A quem estuda.

Dê o recurso.
A quem precisa.

ô🙶

Dê o necessário a quem realmente tem necessidade, certo de que o desinteresse pessoal está distante da avareza, mas também não se aproxima da prodigalidade.

484

SEM VANTAGEM

Questão 897

Faça todo o bem possível com espontaneidade.

&

Campanha?
Participe com ânimo.

Coberta?
Não adie a doação.

Assistência?
Colabore sempre.

Agasalho?
Não rejeite o pedido.

Receita?
Facilite o remédio.

Apoio?
Não negue a palavra.

Alimento?
Providencie o pão.

Donativo?
Não fique em dúvida.

Roupa?
Favoreça o desnudo.

Consolo?
Não deixe para depois.

જી

Pratique a caridade sem esperar vantagem de qualquer natureza, certo de que o bem não é moeda que se aplique em busca do lucro, mas é o amor ao próximo em cada momento de sua vivência.

485

MEIOS

Questão 898

O Espírito se aperfeiçoa através de meios diferentes entre si.

❧

Benevolência.
E leitura.

Caridade.
E estudo.

Perdão.
E livro.

Bondade.
E cálculo.

Indulgência.
E aprendizado.

Tolerância.
E escrita.

Humildade.
E escola.

Paciência.
E pesquisa.

Brandura.
E arte.

Sentimento.
E ciência.

❧

Cuide, pois, da transformação moral, mas não esqueça os cuidados com a inteligência, a fim de que, nos caminhos da evolução, você saiba com amor e ame com sabedoria.

486
ENTÃO

Questão 899

Diante do próximo em necessidade, não tenha dúvida. Se você já conheceu em si mesmo

a dor,
então alivie;

a fome,
então alimente;

a nudez,
então agasalhe;

o frio,
então proteja;

a perda,
então console;

Vivendo a DOUTRINA ESPÍRITA 117

a fraqueza,
então encoraje;

o desânimo,
então estimule;

a doença,
então socorra;

a aflição,
então conforte;

a miséria,
então auxilie.

❧

Se você já passou pela situação difícil, então sabe que deve ajudar o irmão em dificuldade.

487
DINHEIRO E VOCÊ

Questões 900 a 902

O copo de leite.
E a refeição.

O cobertor.
E o agasalho.

O calçado.
E a roupa.

A consulta.
E o remédio.

O negócio.
E o serviço.

A empresa.
E o progresso.

O caderno.
E o lápis.

O colégio.
E o livro.

O terreno.
E a moradia.

A escola.
E o uniforme.

❧

Tudo isso o dinheiro consegue para você, aos seus e a quem precisa de ajuda. Entenda, pois, que a riqueza útil é aquela que lhe permite fazer o bem a si mesmo e também ao próximo.

488
DIFÍCIL

Questões 903 e 904

Você observa os defeitos alheios.

&

A grosseria.
E a rispidez.

A vingança.
E a ofensa.

A agressão.
E a zombaria.

O orgulho.
E a mesquinhez.

A avareza.
E o egoísmo.

A esperteza.
E a preguiça.

A mentira.
E a intriga.

A inveja.
E a indignidade.

O despeito.
E a indiferença.

O comodismo.
E a negligência.

ॐ

Fácil é ver as imperfeições do outro. Difícil é saber se isso vai levar a alguma mudança em sua conduta, pois o que mais acontece é você enxergar o argueiro no olho do vizinho e não perceber a trave que existe no seu.

489
NO MÍNIMO

Questões 905 e 906

Se você ensina o Evangelho e não consegue
utilizar o perdão,
no mínimo não se vingue;

praticar a caridade,
no mínimo não complique;

cultivar a brandura,
no mínimo não agrida;

ter esperança,
no mínimo não se aflija;

sustentar a verdade,
no mínimo não sofisme;

ser solidário,
no mínimo não inveje;

agir com gentileza,
no mínimo não grite;

ajudar na campanha,
no mínimo não atrapalhe;

mostrar indulgência,
no mínimo não julgue;

viver com amor,
no mínimo não odeie.

❧

Se você prega os ensinamentos de Jesus e não consegue exemplificar o que fala, no mínimo prossiga com o esforço da transformação moral, a fim de que, mais adiante, sinta-se feliz com algum bem que haja feito.

490
EXAGERO

Questões 907 e 908

Observe o exagero em suas atitudes. Você troca

o pedido
pela exigência;

o entusiasmo
pela ganância;

o desejo
pela ambição;

a diferença
pela antipatia;

o desacordo
pela raiva;

Vivendo a DOUTRINA ESPÍRITA 125

a economia
pela avareza;

a autoridade
pela opressão;

a desculpa
pela vingança;

o amor
pelo ódio;

a franqueza
pela agressão.

❧

Longe dos ensinamentos do Evangelho e do esforço de transformação moral, você troca o sentimento natural e bom, que lhe permite paz e progresso, pela emoção exagerada e má, que lhe complica a vida e atrasa sua evolução espiritual.

491
SEMPRE POSSÍVEL

Questões 909 a 912

Substitua as más inclinações pela boa conduta.

೩

A arrogância – ﹀
pela humildade.

A ostentação –
pela modéstia.

A avareza –
pela caridade.

A agressão –
pela brandura.

Vivendo a DOUTRINA ESPÍRITA ೩ 127

A grosseria –
pela delicadeza.

A mentira –
pela verdade.

A crítica –
pela indulgência.

A inveja –
pela solidariedade.

O egoísmo –
pelo desapego.

A descrença –
pela fé.

A vingança –
pelo perdão.

O ódio –
pelo amor.

৯

Não é fácil se libertar das atitudes indesejáveis, cultivadas na esteira dos milênios, mas com vontade própria e a ajuda do Alto é sempre possível quebrar os grilhões do erro, na certeza de que a transformação moral realmente começa quando você sai de si mesmo e consegue enxergar o próximo.

492
NÃO HÁ DÚVIDA

Questões 913 a 916

O menino chora. Pede a fatia de bolo. Você hesita.
E nega.

O idoso sente frio. Pede o agasalho. Você duvida.
E vai embora.

A mulher tem fome. Pede o pão. Você descrê.
E dá as costas.

O doente sofre. Pede a caridade do alívio. Você se retrai.
E fica quieto.

O mendigo fala. Pede algum auxílio. Você ouve.
E segue adiante.

A gestante geme. Pede socorro. Você titubeia.
E se afasta.

A esposa se aflige. Pede ajuda. Você reclama.
E sai de casa.

O filho se confunde. Pede o conselho. Você censura.
E se ausenta.

O parente fracassa. Pede acolhimento. Você recusa.
E encerra o assunto.

O amigo vacila. Pede orientação. Você não acredita.
E se desinteressa.

◈

Se, em alguma ocasião, você não consegue enxergar a necessidade do próximo, por mais gritante que seja, não há dúvida de que suas atitudes ainda obedecem ao egoísmo.

493
ROTEIRO CERTO

Questão 917

Nas circunstâncias de cada dia, escolha o bem,
e não, o mal.

৯

O perdão,
e não, a vingança.

A humildade,
e não, o orgulho.

A franqueza,
e não, a hipocrisia.

A verdade,
e não, a mentira.

A modéstia,
e não, a vaidade.

A honradez,
e não, a esperteza.

A benevolência,
e não, a maldade.

A brandura,
e não, a agressão.

O amor,
e não, o ódio.

A esperança,
e não, o desespero.

❧

Tenha, no Evangelho, a inspiração para se libertar do apego a si mesmo, na certeza de que, para vencer o egoísmo, que está na raiz de todos os vícios, o roteiro certo é o exercício da caridade, que está na raiz de todas as virtudes.

494
DENTRO DO POSSÍVEL

Questão 918

O homem de bem é o que vive o Evangelho em sua plenitude.

❧

Não é odiento.
É amorável.

Não é vingativo.
É benevolente.

Não é invejoso.
É solidário.

Não é egoísta.
É fraterno.

Não é crítico.
É indulgente.

Não é parcial.
É justo.

Não é colérico.
É brando.

Não é ocioso.
É ativo.

Não é enganador.
É sincero.

Não é mesquinho.
É caridoso.

❧

Se as lições de Jesus ainda não acompanham, durante todo o tempo, seus passos, e você não consegue ser a pessoa de bem que tanto almeja, tente, pelo menos, dentro do possível, fazer ao próximo aquilo que gostaria que o próximo fizesse a você.

495
AUTOCONHECIMENTO

Questão 919

Observe a maneira como você vive.

ॐ

Repara a agressão,
mas fala com grosseria.

Reclama da ofensa,
mas age com estupidez.

Condena a hipocrisia,
mas disfarça as emoções.

Ataca a mesquinhez,
mas adota a avareza.

Rejeita a arrogância,
mas procede com orgulho.

Censura o egoísmo,
mas atua com indiferença.

Reprova a vaidade,
mas anda na ostentação.

Critica a inveja,
mas admite a cobiça.

Desaprova o ódio,
mas reage com raiva.

Contesta a cólera,
mas se irrita facilmente.

❧

Preste atenção em suas atitudes e procure saber a motivação delas, certo de que, sem o autoconhecimento, o defeito que lhe desagrada no próximo é o defeito que também existe em você.

Esperanças e Consolações

Capítulo I

Penas e gozos terrestres

496
QUANTO POSSÍVEL

Questões 920 e 921

Quanto possível, busque a felicidade na convivência com o bem.

ॐ

No perdão.
E na brandura.

Na paz.
E na benevolência.

Na calma.
E na tolerância.

Na renúncia.
E na abnegação.

Na bondade.
E no devotamento.

Na justiça.
E na indulgência.

Na paciência.
E na fraternidade.

Na fé.
E na esperança.

Na sensatez.
E na humildade.

Na franqueza.
E na honradez.

No amor.
E na caridade.

❧

Na vida física, onde provas e expiações são compromissos assumidos, você pode ter momentos felizes, mas esteja certo de que a única felicidade que importa é aquela que nasce da consciência tranquila.

Vivendo a DOUTRINA ESPÍRITA ❧ 139

497
O QUE É NECESSÁRIO

Questões 922 e 923

O que é necessário para a vida material varia de acordo com a situação de cada um nos compromissos de vida.

Ᏸ

Moradia?
  É cabana ou palacete.

Roupa?
  É terno ou uniforme.

Dieta?
  É restrita ou livre.

Transporte?
  É próprio ou coletivo.

Profissão?
É liberal ou emprego.

Diploma?
É técnico ou superior.

Trabalho?
É rural ou urbano.

Cultura?
É básica ou completa.

Idioma?
É único ou mais.

Serviço?
É braçal ou intelectual.

❧

Qualquer que seja a posição que você tenha na vida material, a felicidade relativa que lhe é possível só será mais autêntica e duradoura se sua consciência estiver em paz.

498
PROVA NECESSÁRIA

Questão 924

Há males que atingem todos indistintamente.

❧

Guerra.
E revolução.

Raio.
E incêndio.

Furacão.
E nevasca.

Tremor.
E terremoto.

Contágio.
E epidemia.

Crise.
E prejuízo.

Catástrofe.
E miséria.

Temporal.
E destruição.

Enchente.
E descontrole.

Inundação.
E adversidade.

❧

Tais situações causam constrangimento e acometem justos e injustos. Contudo, o que faz a diferença entre todos é a consciência de cada um de que a prova é necessária ao progresso espiritual, com a aceitação plena da vontade de Deus, sem contestação.

499
EMPRÉSTIMO DIVINO

Questão 925

Trate a riqueza com bom senso.

❧

Possua,
mas não se escravize à posse.

Aumente,
mas favoreça o bem comum.

Use,
mas não exagere o gasto.

Ganhe,
mas reparta o resultado.

Trabalhe,
mas produza para todos.

Guarde,
mas não seja egoísta.

Apareça,
mas viva com moderação.

Acumule,
mas não se torne avarento.

Empregue,
mas considere o subalterno.

Cresça,
mas não diminua o próximo.

❧

Faça da fortuna material que lhe chega às mãos um instrumento útil, afastando de seu caminho o desregramento e a mesquinhez, certo de que a riqueza é empréstimo divino para investimento no bem de todos.

500
FELICIDADE LEGÍTIMA

Questão 926

Não se deixe seduzir pelos excessos na vida.

૨૦

Moradia?
A que seja propícia.

Carro?
O que seja útil.

Trabalho?
O que seja honesto.

Roupa?
A que seja adequada.

Alimento?
O que seja essencial.

Lazer?
O que seja comedido.

Descanso?
O que seja possível.

Posse?
A que seja suficiente.

Conforto?
O que seja preciso.

Previdência?
A que seja indispensável.

❧

Não há dúvida nenhuma de que os dias de hoje convidam ao excesso e à sofisticação, mas é preciso saber que, à luz do Evangelho, a felicidade legítima é aquela que se contenta com o necessário.

Vivendo a DOUTRINA ESPÍRITA ❧ 147

501
EQUILÍBRIO TAMBÉM

Questão 927

A renovação íntima é também essencial à felicidade.

৵

O pão alimenta.
A fé também.

O agasalho protege.
A sensatez também.

O remédio alivia.
A esperança também.

A moradia acolhe.
A razão também.

O calçado defende.
A verdade também.

O lazer descansa.
A paz também.

A cirurgia resolve.
A franqueza também.

A almofada apoia.
A honradez também.

O passeio acalma.
A humildade também.

O sono recupera.
O perdão também.

❧

Cada um é responsável pelo que faz, em busca da satisfação pessoal. Contudo, é preciso observar que a felicidade não é apenas a conquista do necessário para a vida material, mas depende também do equilíbrio interior.

502
VOCAÇÃO

Questão 928

Veja o que acontece com alguém.

❧

É médico.
E não atende o cliente.

É advogado.
E não se entrega à lida.

É empresário.
E não negocia bem.

É professor.
E não tolera os alunos.

É mecânico.
E não se agrada do ofício.

É contador.
E não gosta de números.

É cozinheiro.
E não aceita o fogão.

É atleta.
E não se dedica ao treino.

É motorista.
E não respeita o veículo.

É gerente.
E não dirige de acordo.

❧

Se você tem uma atividade e se encontra em situação semelhante, pode ter a certeza de que trabalha por qualquer motivo, menos por vocação.

503
FOME

Questões 929 e 930

Não deixe de ajudar a quem tenha fome.

❧

É o idoso.
Que lhe pede o pão.

É o bebê.
Que necessita do leite.

É a criança.
Que anseia pelo doce.

É a gestante.
Que precisa do alimento.

É o homem.
Que vasculha o lixo.

É a mulher.
Que suplica pelas sobras.

É o doente.
Que está desnutrido.

É o pai.
Que sofre pelos filhos.

É a mãe.
Que desmaia de fraqueza.

É a família.
Que carece de tudo.

❧

Se você já conhece a lei do Cristo e se encanta com as lições do Evangelho, não enxergue apenas a abundância à sua volta, pois, ao lado dela, existe alguém que está faminto e clama pela benevolência de suas mãos.

504
AFLIÇÕES OCULTAS

Questão 931

Existem aflições que você não percebe.

ᕷ

É a lágrima.
Derramada em segredo.

É a decepção.
Cravada na alma.

É o tormento.
Sentido em surdina.

É o choro.
Abafado no peito.

É a tristeza.
Escondida no sorriso.

É a desilusão.
Dissimulada no olhar.

É o abandono.
Vivido na solidão.

É a carência.
Suportada em silêncio.

É a riqueza.
Vulnerável à dor.

É a descrença.
Vestida de arrogância.

૨ଈ

Embora pareça que alguns sofram e outros não, tenha a certeza de que, na atual conjuntura evolutiva, o sofrimento existe para todos e, ainda que sua vida corra tranquila, você mesmo não está livre das aflições no caminho.

505
CORAGEM E ÂNIMO

Questão 932

Aja sempre em favor do bem.

༚

Mentira?
Desestimule.

Rixa?
Pacifique.

Discussão?
Dialogue.

Intriga?
Interrompa.

Vingança?
Impeça.

Abuso?
Suspenda.

Hipocrisia?
Corte.

Ignorância?
Esclareça.

Confusão?
Oriente.

Desavença?
Harmonize.

ॐ

Busque a inspiração do Evangelho, a fim de que não lhe falte coragem e ânimo para fazer o melhor em favor de todos, na certeza de que o mal só prospera quando o bem não está presente.

506
ROTEIRO DE VIDA

Questão 933

Evite o sofrimento moral sabendo o que não lhe convém.

❧

Intolerância?
É ruim.

Ódio?
É péssimo.

Vingança?
É desastre.

Orgulho?
É queda.

Vaidade?
É engano.

Egoísmo?
É desvio.

Mentira?
É derrocada.

Avareza?
É atraso.

Ciúme?
É corrosivo.

Inveja?
É destruição.

❧

Faça das lições do Evangelho um roteiro de vida, a fim de que você possa controlar e eliminar as tendências inferiores que ainda teimam resistir em sua intimidade.

507
ENTE QUERIDO

Questão 934

Choras ainda a perda do ente querido nas circunstâncias mais difíceis.

৵

Do filho.
No acidente inevitável.

Do marido.
No excesso de trabalho.

Do irmão.
Na doença imprevista.

Da esposa.
No parto complicado.

Da filha.

Na autoagressão.

Do pai.

No vigor pleno.

Da mãe.

Na idade precoce.

Do neto.

Na assistência falha.

Do companheiro.

Na falta de tratamento.

Do amigo.

Na ausência de recursos.

❧

Choras com sentimento de frustração e perguntas por que as coisas são assim, quando a Doutrina Espírita te diz que a morte não é o fim, mas o começo de nova vida, onde, um dia, te reunirás aos entes queridos.

508
COMUNICAÇÃO ESPIRITUAL

Questão 935

Saiba como deve ser a comunicação espiritual.

છે

Respeitosa.
Sem leviandade.

Sincera.
Sem hipocrisia.

Necessária.
Sem insistência.

Oportuna.
Sem oportunismo.

Inquiridora.
Sem curiosidade.

Afetiva.
Sem lamúrias.

Rotineira.
Sem exagero.

Esclarecedora.
Sem exigências.

Investigativa.
Sem preconceito.

Orientadora.
Sem impertinência.

❧

Mantenha o bom senso e a honestidade, a fim de que a comunicação espiritual que você busca seja sensata e correta, entendendo que aqueles que respondem no mundo invisível estão na mesma sintonia daqueles que perguntam no mundo físico.

509
VIDA ETERNA

Questão 936

Veja como suas emoções influem no ente querido que partiu para a vida espiritual.

ॐ

Revolta.
Entristece.

Resignação.
Conforta.

Desconsolo.
Incomoda.

Fé.
Fortalece.

Lamúria.
Perturba.

Prece.
Sustenta.

Indignação.
Atrapalha.

Aceitação.
Ajuda.

Desespero.
Abate.

Esperança.
Anima.

❧

Quando da perda de um ente querido, busque nos ensinamentos de Jesus a fortaleza que lhe garanta a paz interior, certo de que a morte do corpo é a porta de entrada para a vida eterna.

510
PERSEVERANÇA NO BEM

Questão 937

Lamentas a atitude ingrata daquele que ajudaste.

৵

O vizinho.
Que te incomoda.

O parente.
Que te agride.

O amigo.
Que te ironiza.

O colega.
Que te prejudica.

O companheiro.
Que te ataca.

A mulher.
Que te implica.

O marido.
Que te maltrata.

O filho.
Que te critica.

O irmão.
Que te despreza.

O mendigo.
Que te desacata.

❧

Diante de alguém que não reconhece o benefício que lhe fizeste, não cultives mágoa nem revolta e roga a Deus te fortaleça a perseverança no bem, certo de que, quase sempre, a ingratidão é apenas a inveja disfarçada.

511
O EXEMPLO DO CRISTO

Questão 938

Existem aqueles que não agradecem o bem que lhes chega.

❧

O cumprimento.
Que não respondem.

O sorriso.
Que não devolvem.

O abraço.
Que não valorizam.

A sugestão.
Que não aceitam.

A convivência.
Que não consideram.

A amizade.
Que não prezam.

O diálogo.
Que não aprovam.

O favor.
Que não admitem.

A palavra.
Que não estimam.

A presença.
Que não apreciam.

৵

Quando aquele amigo se deixa intoxicar pela ingratidão, e você se decepciona, não se entregue à amargura, mas se apoie no exemplo do Cristo e transforme a decepção que machuca no perdão que conforta.

512
UNIÕES ANTIPÁTICAS

Questão 939

Elas acontecem quando você escolhe pela aparência, e convive com a realidade.

🐋

Escolhe a beleza. E convive com o gênio horroroso.

Escolhe a meiguice. E convive com o diálogo amargo.

Escolhe a mansidão. E convive com a agressividade.

Escolhe o sorriso. E convive com o rosto fechado.

Escolhe a gentileza. E convive com a atitude grosseira.

Escolhe a benevolência. E convive com a presença maldosa.

Escolhe a facilidade. E convive com dias difíceis.

Escolhe a sensatez. E convive com a intemperança.

Escolhe o equilíbrio. E convive com a perturbação.

Escolhe a generosidade. E convive com a mesquinhez.

❧

A união de convivência atribulada pode ser a prova necessária ao resgate de débitos passados, mas quase sempre não passa da escolha errada de um coração cego pelas aparências.

513
ESSE ALGUÉM

Questão 940

Veja o comportamento de alguém na convivência a dois.

è🐋

Não é sensato.
É leviano.

Não apoia.
É desligado.

Não é afetuoso.
É indiferente.

Não dialoga.
É autoritário.

Não é solidário.
É egoísta.

Não colabora.
É exigente.

Não é sincero.
É hipócrita.

Não respeita.
É insolente.

Não é amável.
É agressivo.

Não desculpa.
É rancoroso.

❧

Se você se encontra em tal situação e já tentou sem sucesso contornar as dificuldades, saiba que não tem a obrigação de conviver com esse alguém, mas é bom compreender que tudo seria diferente se sua escolha tivesse sido outra.

514
SEJA MELHOR

Questões 941 e 942

Renove-se intimamente e seja melhor.

۲

Tolere.
E seja paciente.

Trabalhe.
E seja operoso.

Converse.
E seja honesto.

Acalme-se.
E seja educado.

Ajude.
E seja solidário.

Ore.
E seja sincero.

Creia.
E seja fiel.

Perdoe.
E seja humilde.

Cresça.
E seja modesto.

Ame.
E seja afetuoso.

Colabore.
E seja útil.

Entenda.
E seja fraterno.

❧

Mantenha sempre o esforço da transformação moral e viva de tal modo no clima do Evangelho, que a morte não lhe cause temor.

Vivendo a DOUTRINA ESPÍRITA ❧ 175

515
IDEIA DE SUICÍDIO

Questões 943 a 947

Afaste a ideia de suicídio em seu caminho.

૨૦

Desgosto?
Não há mal que dure sempre.

Desespero?
A esperança é o antídoto eficaz.

Solidão?
A atividade é boa companhia.

Penúria?
Nada resiste ao trabalho.

Saudade?
A ausência física é temporária.

Sofrimento?
A provação é remédio ao Espírito.

Isolamento?
A convivência ensina a viver.

Decepção?
A paciência ameniza a dor.

Desprezo?
A prece desfaz a humilhação.

Abandono?
A fé é a proteção que equilibra.

❧

Diante das situações que levam à desesperança, não se entregue à sugestão do suicídio, mas se apoie na segurança do Evangelho e recorde a presença amorável de Jesus, falando ao seu coração sofrido:

– Eu sou o Caminho, a Verdade e a Vida.

Vivendo a DOUTRINA ESPÍRITA ❧ 177

516
VERGONHA

Questões 948 e 949

Sinta, sim, vergonha

pela mentira
e diga a verdade,

pela cólera
e se acalme,

pela agressão
e se contenha,

pela torpeza
e se retrate,

pela ironia
e se corrija,

pela traição
e reconsidere,

pela vingança
e recue,

pela ofensa
e se desculpe,

pelo prejuízo
e repare,

pela corrupção
e se arrependa,

pela intriga
e desfaça,

pelo ódio
e volte atrás.

❧

Sinta vergonha por agir assim, mas não faça dela razão para morrer, e sim motivo para reconhecer o erro e continuar vivendo no clima do bem.

517
MELHOR VIDA

Questão 950

Não faça mau juízo da vida difícil que você leva.

৯

Vida problemática?
É melhor que mente vazia.

Vida com aperto?
É melhor que desperdício.

Vida com esforço?
É melhor que indolência.

Vida com angústia?
É melhor que ilusão.

Vida com trabalho?
É melhor que preguiça.

Vida com dor?
É melhor que desatino.

Vida com sacrifício?
É melhor que indiferença.

Vida com provação?
É melhor que imprudência.

Vida com sofrimento?
É melhor que leviandade.

Vida melancólica?
É melhor que falsa alegria.

❧

A melhor vida é aquela que Deus permite viver com a reencarnação, pois o que você passa na vida presente é a melhor solução para seus enganos em vidas passadas.

518
SACRIFÍCIO ÍNTIMO

Questão 951

Sacrifique seus defeitos na convivência diária.

≥

Evite a grosseria.
Seja educado.

Evite a cólera.
Seja calmo.

Evite a rispidez.
Seja ameno.

Evite a intolerância.
Seja paciente.

Evite a hipocrisia.
Seja sincero.

Evite a irritação.
Seja amável.

Evite o egoísmo.
Seja fraterno.

Evite a vaidade.
Seja modesto.

Evite a mesquinhez.
Seja solidário.

Evite a arrogância.
Seja simples.

≀✦

Ainda que lhe custe superar as tendências inferiores, mantenha o esforço da renovação íntima no relacionamento com os outros, certo de que esta é uma intenção que Deus aprova, pois é sacrifício em favor do próximo, embora interesse também a você.

519
É SUICÍDIO

Questão 952

Veja o que certas atitudes fazem com a saúde do corpo.

ટ&

Ódio.
Envenena.

Cólera.
Agride.

Inveja.
Corrói.

Vingança.
Consome.

Orgulho.
Intoxica.

Vaidade.
Transtorna.

Egoísmo.
Destrói.

Violência.
Ataca.

Avareza.
Danifica.

Mesquinhez.
Deteriora.

❧

Agindo assim, é possível esteja prejudicando a harmonia orgânica e abreviando a vida do corpo. É, pois, suicídio a longo prazo, que você pode evitar através da transformação moral.

520
CALENDÁRIO DIVINO

Questão 953

Não interfira no calendário divino para sua vida no corpo. Por mais difícil que seja a condição física, confie em Deus.

❧

Doença grave?
Deus favorece com o recurso.

Dor?
Deus favorece com o remédio.

Sofrimento?
Deus favorece com o alívio.

Intolerância?
Deus favorece com a paciência.

Paralisia?
Deus favorece com o auxílio.

Solidão?
Deus favorece com alguém.

Desespero?
Deus favorece com a oração.

Angústia?
Deus favorece com a paz.

Revolta?
Deus favorece com a calma.

Morte próxima?
Deus favorece com a fé.

෧

Em qualquer circunstância, não apresse o final de sua existência física, certo de que abreviar o fim de uma vida, que já se encontra em extinção, ainda é suicídio.

521
SITUAÇÕES DE RISCO

Questões 954 e 955

Contabilize algumas situações de risco que talvez você cultive.

ॐ

Abuso.
De comida.

Imprudência.
Na estrada.

Excesso.
De bebida.

Exagero.
No exercício.

Consumo.
De tóxico.

Desmazelo.
Na saúde.

Desprezo.
Do perigo.

Ignorância.
Na doença.

Recusa.
De assistência.

Destempero.
Na vida.

❧

Em nenhuma dessas situações existe a ideia de suicídio. Contudo, embora não haja a intenção de se matar, é justo entender que, agindo assim, você dificulta a vida e facilita a morte.

Vivendo a DOUTRINA ESPÍRITA ❧ 189

522
VIVÊNCIA NO BEM

Questão 956

Diante da morte de entes queridos, fortaleça a fé na Bondade Divina e tenha deles lembranças com o sentimento mais puro.

৵

Filhos?
Com ternura.

Irmãos?
Com carinho.

Pais?
Com gratidão.

Avós?
Com amor.

Tios?
Com afeto.

Cônjuges?
Com doçura.

Parentes?
Com afeição.

Amigos?
Com saudade.

Colegas?
Com simpatia.

Mestres?
Com admiração.

છે

Cultive a paz e a esperança por aqueles que partiram para a vida espiritual, certo de que, um dia, você estará com eles, não através do suicídio, mas pelo respeito às Leis Divinas e pela vivência no bem.

523
É PROBLEMA

Questão 957

Se você pensa em suicídio, considere que não há motivo algum que justifique tal atitude.

છ

Morrer?
Só o corpo perece.

Angústia?
Não cessa, piora.

Família?
É melhor com ela.

Paz?
Não facilita, dificulta.

Fracasso?
Permanece o mesmo.

Frustração?
Não resolve, complica.

Alívio?
O sofrimento persiste.

Fuga?
Não acontece, é ilusão.

Culpa?
Aumenta ainda mais.

Acabar?
A vida continua.

❧

Diante das dificuldades do caminho, cultive a fortaleza interior com a prece e as lições do Evangelho, na certeza de que, embora as agruras da vida o decepcionem, a decepção maior é saber, no mundo espiritual, que o suicídio não é solução, é problema.

Esperanças e Consolações

Capítulo II

Penas e gozos futuros

524
NÃO EXISTE

Questão 958

Você viaja.
Quer chegar.
E o lugar não existe.

Você adoece.
Quer remédio.
E o remédio não existe.

Você sofre.
Quer alívio.
E o alívio não existe.

Você pensa.
Quer solução.
E a solução não existe.

Vivendo a DOUTRINA ESPÍRITA

Você duvida.
Quer certeza.
E a certeza não existe.

Você planeja.
Quer resultado.
E o resultado não existe.

Você estuda.
Quer saber.
E o saber não existe.

Você vive.
Quer destino.
E o destino não existe.

❧

É claro que tais situações são absurdas, tão absurdas quanto aquela em que você diz que vai morrer e acabar. Não acaba, pois o nada não existe.

525
EXISTE

Questão 959

Alguém tem sempre a perspectiva de futuro.

❧

É criança.
Tem limites.
E sonha com a liberdade do adulto.

É pobre.
Trabalha duro.
E sonha com a estabilidade de vida.

É doente.
Faz tratamento.
E sonha com a saúde mais adiante.

Vivendo a DOUTRINA ESPÍRITA ❧ 197

É magro.
Exercita-se bem.
E sonha com o corpo atlético depois.

É aluno.
Estuda o básico.
E sonha com o curso superior.

É estagiário.
Aprende medicina.
E sonha com seu consultório.

É solteiro.
Vai se casar.
E sonha com a própria família.

É recruta.
Quer evoluir.
E sonha com as estrelas de oficial.

૨૦

Não há dúvida de que essas pretensões são reais, ainda que não se tenha chegado a elas.

É o que acontece com a vida futura. Você ainda não chegou lá, mas, em sua intimidade, sabe que existe e sonha com ela.

526
É VIDA

Questões 960 a 962

Tudo na Criação Divina tem vida futura.

ح&

A semente germina.
E será o broto.
O broto que estava na semente.

O broto aparece.
E será a planta.
A planta que estava no broto.

A planta cresce.
E será o arbusto.
O arbusto que estava na planta.

Vivendo a DOUTRINA ESPÍRITA ح& 199

O arbusto encorpa.
E será a árvore.
A árvore que estava no arbusto.

A árvore morre.
E será a tora.
A tora que estava na árvore.

A tora evolui.
E será a madeira.
A madeira que estava na tora.

A madeira muda.
E será o móvel.
O móvel que estava na madeira.

≈

Da mesma forma, embora os cépticos neguem a vida futura, o corpo acolhe a alma. Que será o Espírito. O Espírito que estava no corpo.

527
PUNIÇÃO

Questões 963 e 964

O legislador faz as leis que regulam a vida de todos na comunidade. Fala de delitos e penalidades.

᷿

Fala de homicídio.
Descreve a pena.
Alguém o comete.
E sofre a punição.

Fala de roubo.
Descreve a pena.
Alguém o pratica.
E sofre a punição.

Vivendo a DOUTRINA ESPÍRITA ᷿ 201

Fala de calúnia.
Descreve a pena.
Alguém a espalha.
E sofre a punição.

Fala de fraude.
Descreve a pena.
Alguém a realiza.
E sofre a punição.

Fala de suborno.
Descreve a pena.
Alguém corrompe.
E sofre a punição.

ॐ

Em nenhuma circunstância, o legislador, ele mesmo, pune alguém. A punição fica por conta do juiz, que conhece a lei e julga.

Da mesma forma, Deus é o Legislador Celestial que coloca, nas Leis Divinas, as definições do bem na trajetória evolutiva e deixa que a consciência de cada um seja aquele juiz que condena e pune os enganos do caminho.

528
IMAGENS

Questões 965 e 966

São comuns as imagens para exprimir a ideia de uma situação.

❧

O dia é quente.
Você diz:
Um fogo.
E não há chama.

A noite é fria.
Você diz:
Um gelo.
E não há geleira.

O silêncio é longo.
Você diz:
Um túmulo.
E não há sepulcro.

A notícia é nova.
Você diz:
Uma bomba.
E não há explosivo.

A figura é bela.
Você diz:
Uma flor.
E não há planta.

O atleta é rápido.
Você diz:
Um furacão.
E não há ventania.

❧

Da mesma forma, imagens materiais foram criadas para explicar situações espirituais na vida futura. Assim, o fogo ardente no corpo dos culpados representa o ardor do remorso pelos erros cometidos e a calma paradisíaca nada mais é do que a consciência em paz pelo respeito às Leis Divinas.

529
ESPÍRITO BOM

Questões 967 e 968

Comece desde já a cultivar a felicidade autêntica.

ะ

Ame,
mas não seja ciumento.

Possua,
mas não seja ambicioso.

Ajude,
mas não seja exigente.

Eduque,
mas não seja intolerante.

Vivendo a DOUTRINA ESPÍRITA

Ensine,
mas não seja presunçoso.

Saiba,
mas não seja arrogante.

Aconselhe,
mas não seja impositivo.

Apareça,
mas não seja vaidoso.

Chefie,
mas não seja prepotente.

Viva,
mas não seja egoísta.

❧

Cuide de sua transformação moral e atenda ao progresso na trajetória evolutiva rumo à perfeição, certo de que o Espírito bom é feliz no clima do bem, fazendo a felicidade dos outros.

530
LOUVOR A DEUS

Questão 969

Faça do louvor a Deus o exercício da caridade.

≈

Ajude o faminto.
Ofereça-lhe o pão.

Desculpe o agressor.
Não recuse a paz.

Console o infeliz.
Dê-lhe um abraço.

Auxilie o doente.
Não negue o remédio.

Escute a criança.
Atenda-lhe a rogativa.

Receba o mendigo.
Não refugue o apoio.

Ampare o idoso.
Estenda-lhe a mão.

Socorra a gestante.
Não rejeite o recurso.

Visite o casebre.
Acuda-lhe a despensa.

Perdoe o desafeto.
Não deseje o mal.

ॐ

Qualquer que seja sua posição no mundo, viva no clima do bem, compreendendo que a melhor forma de louvar a Deus é seguir os passos de Jesus e amar o próximo como a si mesmo.

531
ESPÍRITOS INFERIORES

Questão 970

Há situações que causam sofrimento íntimo.

࿇

A felicidade.
Que não se alcança.

A paz.
Que não acontece.

A esperança.
Que não se realiza.

A inveja.
Que não acaba.

A fé.
Que não se fortalece.

O remorso.
Que não finda.

O amor.
Que não se consolida.

A revolta.
Que não termina.

A caridade.
Que não se concretiza.

O ciúme.
Que não cessa.

O perdão.
Que não se pratica.

A raiva.
Que não tem fim.

❧

Quando os sentimentos bons estão ausentes, tais situações acontecem, razão pela qual os Espíritos inferiores sofrem, pois não foram capazes de aceitar o bem no próprio caminho.

532
SINTONIA COM O BEM

Questões 971 e 972

Mantenha sempre a sintonia com o bem.

❧

Não odeie.
Acredite no amor.

Não maltrate.
Seja gentil.

Não se exalte.
Tenha calma.

Não agrida.
Aja com paz.

Não grite.
Fale educado.

Não revide.
Desculpe o outro.

Não se irrite.
Use a paciência.

Não descreia.
Cultive a fé.

Não se omita.
Ajude o próximo.

Não se exaspere.
Busque a esperança.

෨

Conserve seus passos nos caminhos do bem, a fim de que, no outro lado da vida, após a morte do corpo, você tenha a garantia de estar livre da influência dos maus Espíritos.

533
ESPÍRITO DO BEM

Questão 973

Perdão.
E não vingança.

Calma.
E não cólera.

Caridade.
E não egoísmo.

Paciência.
E não irritação.

Verdade.
E não mentira.

Amor.
E não ódio.

Tolerância.
E não rabugice.

Fraternidade.
E não inveja.

Confiança.
E não ciúme.

Paz.
E não conflito.

Fé.
E não descrença.

Brandura.
E não agressão.

‰

Durante a vida terrestre, esteja sempre comprometido com as lições do Evangelho, a fim de que, na vida espiritual, apesar de suas imperfeições, você seja reconhecido como Espírito do bem.

534
CHAMAS DA ILUSÃO

Questão 974

Não se deixe envolver pelas chamas da ilusão.

ॐ

Vaidade?
É perda de tempo.

Orgulho?
É engano fatal.

Egoísmo?
É fuga do próximo.

Avareza?
É erro de cálculo.

Inveja?
É anseio destrutivo.

Ciúme?
É ruína íntima.

Raiva?
É conflito inútil.

Preconceito?
É vício grave.

Hipocrisia?
É falsa aparência.

Paixão?
É emoção doentia.

❧

Não se iluda quanto às atitudes distantes do bem, na certeza de que, na vida além do túmulo, o fogo mais intenso é aquele que queima de remorso a consciência culpada.

535
FELICIDADE FUTURA

Questão 975

A dificuldade de hoje é a solução para os enganos de ontem.

૪ે

Saúde negligenciada?
É doença.

Desperdício da riqueza?
É miséria.

Abandono do lar?
É solidão.

Inteligência para o mal?
É deficiência.

Língua maldosa?
É mudez.

Maternidade irresponsável?
É esterilidade.

Sexo abusivo?
É inversão.

Ouvido para a intriga?
É surdez.

Desprezo pelo outro?
É depressão.

Comportamento destrutivo?
É psicose.

❧

Diante do momento difícil que lhe inunda a alma de amargura, mantenha a fé e a confiança na Bondade Divina, compreendendo que a provação dolorosa é o caminho áspero que há de conduzi-lo à felicidade futura.

536
TEIA DE ILUSÕES

Questão 976

Em qualquer circunstância, ajude o ente querido enredado na teia de ilusões.

ૐ

É irônico?
Use a tolerância.

É agressivo?
Mantenha a calma.

É explosivo?
Espere a hora certa.

É rebelde?
Exercite a paciência.

É vaidoso?
Enxergue o essencial.

É egoísta?
Exemplifique a renúncia.

É arrogante?
Controle a ansiedade.

É descrente?
Exalte o valor da fé.

É ocioso?
Aponte o trabalho.

É avarento?
Mostre a caridade.

৯৯

Se você já entende o amor ao próximo, na dimensão espiritual ou no mundo corpóreo, faça o melhor de si mesmo em favor daqueles entes queridos que ainda não descobriram o caminho do bem.

537
CONSCIÊNCIA CULPADA

Questão 977

Preserve sua intimidade da presença indesejável da culpa.

૨&

Não ofenda.
Seja paciente.

Não agrida.
Seja brando.

Não provoque.
Seja calmo.

Não zombe.
Seja cordial.

Vivendo a DOUTRINA ESPÍRITA

Não humilhe.
Seja prudente.

Não engane.
Seja leal.

Não trapaceie.
Seja correto.

Não minta.
Seja sincero.

Não despreze.
Seja fraterno.

Não se vingue.
Seja tolerante.

❧

Faça o possível para conviver em harmonia com o próximo, na certeza de que o desrespeito às Leis Divinas faz vítimas e essas vítimas estão sempre presentes na consciência culpada.

538
CAMINHOS

Questões 978 e 979

Você trabalha.
Tem cansaço.
Mas realiza.
E fica alegre.

Você viaja.
Tem fadiga.
Mas chega.
E fica feliz.

Você adoece.
Tem aflição.
Mas se trata.
E fica bem.

Você chora.
Tem provação.
Mas suporta.
E fica em paz.

Você sofre.
Tem mágoa.
Mas resolve.
E fica sereno.

Você peleja.
Tem aperto.
Mas supera.
E fica calmo.

❧

Se você já enxerga a vida pela ótica da eternidade e se alimenta das lições de Jesus no Evangelho, então já sabe que as provas e expiações na trajetória evolutiva não são obstáculos, mas caminhos para a felicidade futura.

539
SEJA FELIZ

Questão 980

Busque a felicidade vivendo no clima do bem.

❧

Ame.
E ajude o próximo.

Perdoe.
E esqueça a ofensa.

Tolere.
E use a paciência.

Creia.
E fortaleça a fé.

Vivendo a DOUTRINA ESPÍRITA ❧ 225

Ore.
E tenha esperança.

Pense.
E reforce a verdade.

Entenda.
E seja benevolente.

Sofra.
E sustente o ânimo.

Perca.
E conserve a calma.

Possua.
E exercite a caridade.

❧

Mantenha o esforço da transformação moral, ainda que isso lhe traga sacrifício agora, a fim de que, mais tarde, na vida espiritual, você seja feliz ao lado daqueles que, através da renovação íntima, também venceram a si mesmos.

540
PERGUNTE

Questão 981

Pergunte a si mesmo como você é.

ଶ

Solidário?
Ou egoísta.

Humilde?
Ou arrogante.

Calmo?
Ou colérico.

Paciente?
Ou intolerante.

Vivendo a DOUTRINA ESPÍRITA

Brando?
Ou agressivo.

Modesto?
Ou vaidoso.

Confiante?
Ou descrente.

Sincero?
Ou hipócrita.

Operoso?
Ou comodista.

Indulgente?
Ou severo.

❧

Para ser feliz ou infeliz no mundo espiritual, não faz diferença o que você pensa a respeito da morte. O que realmente importa é o que você é e o que faz da vida, nas atitudes de cada dia.

541
CAMINHO DIRETO

Questão 982

Entre outras tantas demonstrações de amor
ao próximo, o bem é

desprendimento
e perdão,

calma
e bondade,

paciência
e tolerância,

humildade
e fé,

modéstia
e abnegação,

esperança
e brandura,

fraternidade
e indulgência,

franqueza
e verdade,

resignação
e renúncia,

devotamento
e benevolência.

❧

É certo que a garantia de melhor futuro ao Espírito é o bem, qualquer que seja o caminho que a ele conduza, mas é certo igualmente que o Espiritismo, na sua simplicidade, sem exigências e sem ilações teológicas, é o caminho mais direto, quando proclama: "Fora da caridade não há salvação."

542

REPARAÇÃO

Questão 983

Qualquer que seja sua dificuldade no caminho, não se desespere.

૨

Problema?
Há solução.

Perda?
Há consolo.

Dor?
Há alívio.

Doença?
Há recurso.

Engano?
Há conserto.

Fracasso?
Há recomeço.

Separação?
Há conforto.

Carência?
Há socorro.

Desprezo?
Há o futuro.

Aflição?
Há esperança.

৯

Nos momentos mais difíceis, quando tudo parece estar contra você, lembre-se das vidas sucessivas e entenda que o sofrimento de hoje é a reparação do desatino de ontem.

543
VIDAS SUCESSIVAS

Questão 984

Você não entende certas situações que lhe acontecem no caminho.

❧

É justo.
E sofre injustiça.

É bom.
E recebe ofensa.

É humilde.
E sofre humilhação.

É calmo.
E recebe violência.

É fraterno.
E sofre maus-tratos.

É sincero.
E recebe hipocrisia.

É indulgente.
E sofre intolerância.

É generoso.
E recebe maldade.

É pacífico.
E sofre provocação.

É gentil.
E recebe grosseria.

લ

Busque nas vidas sucessivas a explicação de tudo isso, pois a Lei Divina é justa e, na trajetória evolutiva, ninguém deixa de colher no presente o que plantou no passado.

544
COM O BEM

Questão 985

Se você deseja viver em mundo mais elevado, melhore, desde já, seu mundo interior, com os recursos do bem e sem os desequilíbrios do mal.

❧

Sem mágoa.
E com a bondade.

Sem revide.
E com o perdão.

Sem tirania.
E com a brandura.

Sem orgulho.
E com a humildade.

Sem ódio.
E com o amor.

Sem discórdia.
E com a paz.

Sem egoísmo.
E com a fraternidade.

Sem descrença.
E com a fé.

Sem intolerância.
E com a paciência.

Sem mentira.
E com a sinceridade.

Sem aflição.
E com a esperança.

ॐ

Não há dúvida de que, nos caminhos da evolução, o destino é o mundo superior, mas não se esqueça de que isso só será possível com sua transformação moral.

545
MESMO MUNDO

Questões 986 e 987

É útil observar como se comporta o aluno nas escolas do mundo.

❧

Cumpre o dever.
E passa de ano.

Aprende bem.
E é promovido.

Estuda muito.
E conhece mais.

Lê a matéria.
E sabe a respeito.

Ouve o professor.
E grava a preleção.

Burla as aulas.
E perde o ensino.

Despreza a lição.
E é reprovado.

Fica no lazer.
E repete a série.

Foge à obrigação.
E se estaciona.

Agarra-se ao ócio.
E não progride.

❧

Em qualquer dessas circunstâncias, o aluno pode voltar à mesma escola, seja para concluir o curso já iniciado, seja para repetir o ano que desperdiçou.

Da mesma forma, os mundos são escolas da evolução e o Espírito pode retornar ao mesmo em que já viveu, para completar tarefas em andamento ou expiar o erro do passado, repetindo a experiência que antes não soube aproveitar.

546
SEJA ÚTIL

Questão 988

Não fique inútil diante do bem que possa fazer. A cada situação ofereça a solução certa.

୨ଈ

Fome?
É o alimento.

Nudez?
É a roupa.

Doença?
É o recurso.

Discórdia?
É a paz.

Vivendo a DOUTRINA ESPÍRITA ୨ଈ 239

Frio?
É o agasalho.

Confusão?
É o conselho.

Revolta?
É a paciência.

Intolerância?
É a calma.

Rispidez?
É a brandura.

Ódio?
É o amor.

❧

Não se deixe iludir pelos enganos da inutilidade voluntária e, ciente do mundo à sua volta, enxergue a presença do próximo, na certeza de que a verdadeira felicidade não é a vida fácil, mas decorre do exercício constante do bem.

547
FAÇA LOGO

Questão 989

Embora não sejam realmente más, há pessoas que causam mal-estar à sua volta.

ã

O vizinho prestativo,
mas intrigante.

O amigo leal,
mas palpiteiro.

O colega amável,
mas invejoso.

O chefe ativo,
mas implicante.

O diretor correto,
mas autoritário.

O serviçal eficiente,
mas agressivo.

O professor capaz,
mas indiferente.

O pai provedor,
mas arredio.

O parente solidário,
mas irritante.

O companheiro bom,
mas competitivo.

❧

Se alguma dessas situações lhe diz respeito, convém que faça logo a transformação moral, melhorando sua maneira de ser, a fim de que, no futuro, você não passe pelo constrangimento que hoje provoca no próximo.

548
MUDE JÁ

Questões 990 a 992

Não espere uma nova existência para refazer o caminho do bem. Mude já de atitude.

ॐ

Cólera?
Seja calmo.

Orgulho?
Seja humilde.

Egoísmo?
Seja fraterno.

Falsidade?
Seja autêntico.

Mentira?
Seja verdadeiro.

Vaidade?
Seja modesto.

Inveja?
Seja solidário.

Avareza?
Seja generoso.

Agressão?
Seja brando.

Intolerância?
Seja indulgente.

❧

Não deixe para depois os ensinamentos do Evangelho que você pode viver agora, certo de que a transformação moral de hoje é que garante a consciência tranquila de amanhã.

549
TRANSFORMAÇÃO ÚTIL

Questões 993 e 994

Tudo na Criação Divina se transforma para ser útil.

૨૭

A pedra. É bruta.
É brita.
É cascalho.

O carvão. É brasa.
É calor.
É energia.

A rocha. É monte.
É minério.
É metal.

O trigo. É grão.
É farinha.
É alimento.

A cana. É caule.
É açúcar.
É álcool.

O algodão. É pluma.
É fibra.
É tecido.

O cavalo. É bravio.
É domado.
É serviçal.

O cão. É feroz.
É ensinado.
É de guarda.

❧

Da mesma forma, o Espírito também se transforma na jornada evolutiva.

É simples e ignorante.
Aprende com a experiência.
Conquista o amor e o bem.
Aproxima-se da perfeição.

550
NÃO FIQUE

Questão 995

Não espere pela dor para conquistar o progresso espiritual. Conheça sua dificuldade e busque no Evangelho a solução acertada.

❧

Intolerância?
É a paciência.

Egoísmo?
É o próximo.

Arrogância?
É a humildade.

Raiva?
É o amor.

Vivendo a DOUTRINA ESPÍRITA ❧ 247

Desforra?
É o perdão.

Vaidade?
É a modéstia.

Ira?
É a benevolência.

Agressão?
É a brandura.

Dureza?
É a bondade.

Rigorismo?
É a indulgência.

❧

Não fique indiferente à possibilidade de ser útil de alguma forma, compreendendo que o exercício do bem em favor de todos é o caminho que leva ao território da transformação moral.

551
VOCÊ PERMITE

Questão 996

Avareza nega.
Fraternidade doa.

Agressão exalta.
Brandura asserena.

Mentira estraga.
Verdade conserta.

Intriga maldiz.
Conselho orienta.

Orgulho oprime.
Humildade apoia.

Hipocrisia falseia.
Franqueza alicerça.

Descrença fragiliza.
Fé sempre fortalece.

Vingança destrói.
Perdão edifica.

Aflição deprime.
Esperança reergue.

Egoísmo escraviza.
Caridade liberta.

Cólera enfurece.
Bondade acalma.

Ódio desagrega.
Amor consolida.

❧

Busque, no Evangelho de Jesus, a fortaleza necessária para que seu esforço no bem não fracasse sob o domínio de quem ainda se compraz no mal, certo de que a influência espiritual de origem negativa só tem sucesso quando você mesmo permite.

552
CORAÇÃO INSENSÍVEL

Questão 997

Você aceita a realidade espiritual, mas há quem a recuse.

❧

O cientista.
Que rejeita a religião.

O intelectual.
Que ironiza a crença.

O médico.
Que descarta a alma.

O filósofo.
Que zomba da fé.

O matemático.
Que nega Deus.

O biólogo.
Que vê apenas a célula.

O físico.
Que questiona a Criação.

O geneticista.
Que só acredita nos genes.

❧

Da mesma forma, na dimensão espiritual, há Espíritos que não se deram conta de seus enganos, razão pela qual a prece, que você faz em favor deles, não lhes toca o coração, ainda insensível aos apelos do bem.

553
RECONHEÇA

Questão 998

Não espere a vida espiritual para reconhecer sua inferioridade.

❧

É explosivo?
Reconheça.
E domine a raiva.

É interesseiro?
Reconheça.
E fuja do egoísmo.

É arrogante?
Reconheça.
E afaste o orgulho.

É mesquinho?
Reconheça.
E derrote a avareza.

É insolente?
Reconheça.
E vença a petulância.

É vaidoso?
Reconheça.
E evite a ostentação.

É indelicado?
Reconheça.
E desista da grosseria.

❧

Aproveite, tanto quanto possível, a oportunidade da vida corpórea para superar suas imperfeições, compreendendo que o esforço da transformação moral é a garantia certa para a consciência em paz na vida espiritual.

554
NÃO É DIFERENTE

Questão 999

Na vida diária, você comete enganos que só o arrependimento não resolve.

࿇

Comete imprudências na estrada. Arrepende-se. Mas, depois, vem a multa.

࿇

Provoca o acidente no trânsito. Arrepende-se. Mas, depois, vem a consequência.

࿇

Lança a ofensa na família. Arrepende-se. Mas, depois, vem o mal-estar.

ॐ

Faz pouco caso na escola. Arrepende-se. Mas, depois, vem o corretivo.

ॐ

Trabalha errado no serviço. Arrepende-se. Mas, depois, vem a cobrança.

ॐ

Pratica a agressão na via pública. Arrepende-se. Mas, depois, vem a punição.

ॐ

Na jornada evolutiva, a situação não é diferente. Você erra, no passado. Arrepende-se. Mas, depois, vem a expiação.

555
SOLUÇÃO DEFINITIVA

Questão 1000

Aproveite o tempo que tem para reparar suas faltas, acumuladas desde o passado.

ॐ

É orgulho?
Então, seja humilde.

É egoísmo?
Então, pense no outro.

É vaidade?
Então, não se ostente.

É violência?
Então, tenha brandura.

Vivendo a DOUTRINA ESPÍRITA 257

É vingança?
Então, passe a perdoar.

É preguiça?
Então, trabalhe mais.

É avareza?
Então, abra a mão.

É ganância?
Então, ajude alguém.

É revolta?
Então, semeie a paz.

É descrença?
Então, cultive a fé.

৯৶

Resolva suas dificuldades íntimas, buscando, no Evangelho, o roteiro da transformação moral, certo de que o amor ao próximo é a solução definitiva para os erros do caminho.

É o mal? Então, faça o bem.

556
GENEROSIDADE

Questão 1001

Se você tem recursos, descarte o egoísmo e seja generoso.

૨ૡ

Alguém em necessidade?
Dê a ajuda possível.

Criança desnorteada?
Dê a orientação certa.

Gestante desnutrida?
Dê o alimento necessário.

Idoso em abandono?
Dê a solução correta.

Vivendo a DOUTRINA ESPÍRITA

Familiar em dificuldade?
Dê o apoio conveniente.

Amigo confuso?
Dê o esclarecimento exato.

Parente leviano?
Dê o conselho adequado.

Companheiro doente?
Dê o socorro próprio.

Filho revoltado?
Dê a opinião da paz.

Vizinho afoito?
Dê o parecer da prudência.

☙

Qualquer que seja a natureza de seus recursos, aproveite o dia de hoje para doá-los a quem deles precise, a fim de que a felicidade daquele que recebe seja também a sua felicidade.

557
ENCONTRO COM O BEM

Questão 1002

Ao final da existência física, você reconhece suas faltas e recorda quantas vezes negou um benefício a alguém.

৵

Negou uma verdade.
E alguém se enganou.

Negou um conselho.
E alguém se perdeu.

Negou um socorro.
E alguém sofreu.

Negou uma ajuda.
E alguém adoeceu.

Vivendo a DOUTRINA ESPÍRITA ৵ 261

Negou um remédio.
E alguém piorou.

Negou um alimento.
E alguém chorou.

Negou um agasalho.
E alguém padeceu.

Negou uma palavra.
E alguém se magoou.

Negou um apoio.
E alguém desistiu.

Negou um estímulo.
E alguém fracassou.

❧

Você se arrepende de tudo isso. Sabe que agora não há como reparar os erros cometidos, mas confie no Alto, pois a vida continua na dimensão espiritual e, embora tenha desperdiçado o presente, a Bondade Divina lhe aponta o futuro como nova oportunidade para o encontro com o bem.

558
ALGUÉM SOFRE

Questões 1003 e 1004

Observe o que acontece à sua volta na vida física.

ès

Alguém com hipertensão. A pressão arterial está elevada. Sofre. Tem sintoma.

Entretanto, se não toma a medicação prescrita, o sofrimento se prolonga.

Alguém com obesidade. O peso corporal está em excesso. Sofre. Tem incômodo.

Contudo, se não segue a terapêutica indicada, o sofrimento continua.

Alguém com catarata. A visão está embaçada. Sofre. Tem restrição.

No entanto, se não aceita a solução cirúrgica, o sofrimento prossegue.

Alguém com lombalgia. A coluna vertebral está alterada. Sofre. Tem contratura.

Todavia, se não faz o tratamento de alívio, o sofrimento persiste.

Alguém com surdez. O ouvido está lesado. Sofre. Tem isolamento.

Mas, se recusa o auxílio do aparelho auditivo, o sofrimento persevera.

Alguém com abscesso dentário. A raiz está destruída. Sofre. Tem dor lancinante.

Porém, se não concorda com a intervenção necessária, o sofrimento não acaba.

❧

Na vida futura, a situação não é diferente.

O Espírito com imperfeições. A consciência está culpada. Sofre. Tem desequilíbrio.

Contudo, se não busca a transformação moral, continua sofrendo.

559
PERCEPÇÃO DO TEMPO

Questão 1005

Na existência corpórea, a percepção do tempo
varia com as circunstâncias.

୬

É festa.
Há diversão.
O tempo corre.

É doença.
Há desconforto.
O tempo se arrasta.

É viagem.
Há cansaço.
O tempo não passa.

É obrigação.
Há incômodo.
O tempo se dilata.

É dor.
Há sofrimento.
O tempo se alonga.

É passeio.
Há distração.
O tempo encurta.

É ausência.
Há saudade.
O tempo aumenta.

É leitura.
Há interesse.
O tempo é pouco.

২৬

É vida futura. Há consciência culpada. A situação é aflitiva. O Espírito sofre e o tempo lhe parece mais longo.

560
SÓ O BEM

Questão 1006

Use o livre-arbítrio e decida-se pelo bem, fazendo ao próximo o que deseja para si.

ॐ

É a paciência.
E a calma.

É a tolerância.
E a paz.

É a indulgência.
E o perdão.

É a humildade.
E o trabalho.

É a fraternidade.
E o auxílio.

É a fé.
E a confiança.

É a benevolência.
E a concórdia.

É o desapego.
E a doação.

É a solidariedade.
E o apoio.

É a esperança.
E o alívio.

❧

Tenha a certeza de que nenhum sofrimento resiste à transformação moral e compreenda que a mudança para melhor pode ser longa e dolorosa, mas só o bem é eterno.

561
MESMA SITUAÇÃO

Questão 1007

A ação do arrependimento se parece com algumas circunstâncias da vida comum.

≈

Carro na estrada.
Obstáculo na pista.
A atenção evita o acidente.

Mesa posta.
Muitas iguarias.
A sensatez evita o excesso.

Livros na estante.
Temas diversos.
O critério evita a banalidade.

Vivendo a DOUTRINA ESPÍRITA ≈ 269

Produtos à venda.
Várias indicações.
A precaução evita o exagero.

Vitrina arrumada.
Roupas expostas.
A escolha evita o supérfluo.

Dinheiro farto.
Gasto fácil.
O equilíbrio evita o prejuízo.

Tempo de passeio.
Diversão máxima.
A prudência evita o desatino.

❧

Na existência corpórea e na vida espiritual, a mesma situação acontece. O Espírito não abandona o erro. A consciência acumula culpa. O arrependimento evita o pior.

562
ALGUMA RESTRIÇÃO

Questão 1008

As restrições impostas por algum tempo são comuns na vida física.

❧

O aluno não estuda.
Fica deficiente.
Vai à recuperação.
E sofre restrições ao tempo de férias.

O motorista abusa.
Não se corrige.
Recebe advertência.
E sofre restrições ao uso da habilitação.

Vivendo a DOUTRINA ESPÍRITA ❧ 271

O doente é rebelde.
Não faz tratamento.
Complica os sintomas.
E sofre restrições aos atos da vida normal.

O cliente é relapso.
Não cuida das contas.
Aumenta a dívida.
E sofre restrições ao crédito bancário.

O cidadão procede mal.
Comete o delito.
É punido com a lei.
E sofre restrições à própria liberdade.

✌

No mundo espiritual, as circunstâncias são semelhantes.

O Espírito é culpado. Não se arrepende. Persiste no erro. E, a favor de seu aprendizado, sofre alguma restrição por tempo determinado.

563
DIFERENTE DE VOCÊ

Questão 1009

Deus age diferente de você.

❧

Você odeia.
Deus ama.

Você se vinga.
Deus perdoa.

Você nega.
Deus ajuda.

Você rebaixa.
Deus reergue.

Você exige.
Deus espera.

Você prejudica.
Deus favorece.

Você agride.
Deus protege.

Você atrapalha.
Deus coopera.

Você acusa.
Deus entende.

Você insulta.
Deus abençoa.

🙐

Não atribua a Deus as paixões humanas, pois a Lei Divina não prescreve penas eternas. Você condena para sempre, mas o Senhor permite a recuperação.

564
NÃO HÁ RAZÃO

Questão 1009

Na experiência de cada dia, não há mal que dure sempre.

୨ଈ

A cabeça dói?
Há o remédio.
E a solução.

A doença abate?
Há o tratamento.
E a melhora.

A fome tortura?
Há o alimento.
E o bem-estar.

O frio perturba?
Há o agasalho.
E o conforto.

O dever aperta?
Há o recurso.
E o desafogo.

A dúvida aflige?
Há a explicação.
E o alívio.

O erro atordoa?
Há a correção.
E o equilíbrio.

❧

Se na existência física é assim, não há razão para acreditar que na vida espiritual o sofrimento seja eterno.

565
É SEMELHANTE

Questão 1009

Culpa e castigo são perfeitamente visíveis na rotina diária.

૱

É crime? Há o criminoso.
É o culpado.
Vai à sentença.
E recebe punição.

É intriga? Há o intrigante.
É o culpado.
Vai à sentença.
E recebe a punição.

Vivendo a DOUTRINA ESPÍRITA ૱ 277

É calúnia? Há o caluniador.
É o culpado.
Vai à sentença.
E recebe a punição.

É corrupção? Há o corrupto.
É o culpado.
Vai à sentença.
E recebe a punição.

É agressão? Há o agressor.
É o culpado.
Vai à sentença.
E recebe a punição.

❧

Em todas estas circunstâncias, o bom comportamento abate o tempo de punição.

No mundo espiritual, a situação é semelhante. O arrependimento do Espírito culpado também atenua a pena imposta pela Lei Divina.

566
QUANTAS VEZES

Questão 1009

Veja quantas vezes você usa a palavra eternidade nos acontecimentos do dia.

❧

No transporte.
Você mora longe.
Espera pela condução.
E a demora lhe parece uma eternidade.

Na doença.
Você tem dor.
Espera pela consulta.
E a demora lhe parece uma eternidade.

Na escola.
Você faz o exame.
Espera pelo resultado.
E a demora lhe parece uma eternidade.

Na loja.
Você compra o bem.
Espera pela encomenda.
E a demora lhe parece uma eternidade.

No amor.
Você se apronta.
Espera pelo namorado.
E a demora lhe parece uma eternidade.

No emprego.
Você já foi aceito.
Espera pelo chamado.
E a demora lhe parece uma eternidade.

❧

É assim também no mundo espiritual. O Espírito culpado sofre. Espera pelo fim da punição. E a demora lhe parece uma eternidade.

567
FIQUE ATENTO

Questões 1010 e 1011

Fique atento ao que acontece em certas situações.

ૐ

A semente.
Está inútil.
É semeada.
E ressurge.
Mas não é a semente, é a planta.

A larva.
Está imóvel.
Na crisálida.
E ressurge.
Mas não é a larva, é a borboleta.

A árvore.

Está seca.

É cortada.

E ressurge.

Mas não é a árvore, é a madeira.

O ovo.

Está quieto.

No ninho.

E ressurge.

Mas não é o ovo, é o pássaro.

಄

Ressurreição é ressurgir para a vida, mas sem negar as leis da Natureza.

O corpo.

Está morto.

É enterrado.

E ressurge.

Mas não é o corpo, é o Espírito.

568
INFERNO E PARAÍSO

Questão 1012

Inferno e paraíso são vivências íntimas, frequentes na experiência diária.

❧

Inferno?
É a dor.
E a revolta.

Paraíso?
É o alívio.
E a calma.

Inferno?
É a tristeza.
E o desespero.

Paraíso?
É a alegria.
E a esperança.

Inferno?
É a solidão.
E a dúvida.

Paraíso?
É o convívio.
E a certeza.

Inferno?
É a vingança.
E a mágoa.

Paraíso?
É o perdão.
E o amor.

❧

Na dimensão espiritual ocorre o mesmo. O Espírito tem culpa e sofre? É um inferno interior. Tem a consciência em paz? É o paraíso dentro dele.

569
PURGATÓRIO

Questão 1013

Na vida corpórea, existem situações que favorecem a purificação do Espírito.

૨૦

Existe a doença.
Física.
E mental.
É o que conduz à resignação, no presente.

Existe a miséria.
Física.
E mental.
É o resgate do desperdício, no passado.

Existe a riqueza.
Física.
E mental.
É o que conduz ao trabalho, no presente.

Existe o conflito.
Físico.
E mental.
É o resgate do desequilíbrio, no passado.

Existe a dor.
Física.
E mental.
É o que conduz à paciência, no presente.

Existe a deficiência.
Física.
E mental.
É o resgate dos abusos, no passado.

૨૦

Entenda que, na trajetória evolutiva, o aperfeiçoamento íntimo vai acontecendo nas sucessivas existências, de tal forma que, segundo suas necessidades, o purgatório está na vida que você leva.

570
LINGUAGEM FIGURADA

Questão 1014

É frequente, na vida diária, o uso da linguagem figurada para expressar reações em determinado momento.

¿&

O trânsito.
Está difícil.
Há atraso.
E você diz:
É o inferno.

A chuva.
Está forte.
Há excesso.
E você diz:
É o dilúvio.

Vivendo a DOUTRINA ESPÍRITA ¿& 287

A convivência.
Está precária.
Há conflito.
E você diz:
É o purgatório.

O veículo.
Está velho.
Há defeito.
E você diz:
É um caco.

O passeio.
Está ótimo.
Há beleza.
E você diz:
É o paraíso.

જ⁀

Na vida futura, o Espírito sofredor também usa a linguagem figurada e diz que está no inferno ou purgatório, quando realmente a aflição que o atormenta está na sua própria consciência.

571
ALMAS PENADAS

Questão 1015

Na vida corpórea, há os que sofrem e anseiam por alguma providência.

❧

Mendigos.
Em busca de auxílio.

Doentes.
Clamando por socorro.

Confusos.
Em busca de orientação.

Mães.
Clamando por ajuda.

Vivendo a DOUTRINA ESPÍRITA ❧ 289

Famílias.

Em busca de teto.

Famintos.

Clamando por alimento.

Excluídos.

Em busca de integração.

Pais.

Clamando por segurança.

Deficientes.

Em busca de amparo.

Idosos.

Clamando por assistência.

જ્

Da mesma forma que nos caminhos do mundo existem aqueles que padecem e esperam algum apoio, também no mundo espiritual existem as almas penadas, aquelas que penam em consequência de seus enganos e, incertas do futuro, aguardam as soluções da Misericórdia Divina.

572
VIDA NO CORPO

Questões 1016 e 1017

Doença.
E sofrimento.

Loucura.
E incoerência.

Inibição.
E isolamento.

Dúvida.
E ansiedade.

Paralisia.
E limitação.

Vivendo a DOUTRINA ESPÍRITA

Cegueira.
E transtorno.

Deficiência.
E incapacidade.

Fobia.
E angústia.

Demência.
E alheamento.

Filho.
E provação.

Parentesco.
E divergência.

Família.
E dificuldade.

❧

Todos estes problemas são compromissos com a reencarnação, de forma que a vida no corpo é o purgatório em que você desfaz os enganos do passado e prepara, pouco a pouco, a felicidade no futuro.

573
REINO DE JESUS

Questão 1018

O reino de Jesus é o reino

do amor,
que sublima,

da bondade
que socorre,

da abnegação
que renuncia,

da esperança
que fortalece,

da calma
que pacifica,

Vivendo a DOUTRINA ESPÍRITA 293

da fé
que consola,

da paciência
que espera,

da humildade
que enobrece,

da tolerância
que entende,

do perdão
que eleva,

da caridade
que salva,

do bem
que ampara.

એ

O reino de Jesus não é deste mundo, pela simples razão de que nele o que ainda prevalece, além do egoísmo e do orgulho, é o interesse pessoal e o apego aos bens terrenos.

574
SUA PARTE

Questão 1018

Descarte o ódio.
E adote o amor.

Deixe o egoísmo.
E seja fraterno.

Largue a vingança.
E eleja o perdão.

Saia do orgulho.
E seja humilde.

Esqueça a dúvida.
E cultive a fé.

Fuja da agressão.
E seja brando.

Afaste a cólera.
E tenha calma.

Despreze a censura.
E seja indulgente.

Rejeite a avareza.
E prefira a caridade.

Evite a exigência.
E seja tolerante.

Olvide a aflição.
E creia na esperança.

Encoste a vaidade.
E seja modesto.

❧

Siga as lições do Evangelho e faça sua parte na presença do bem na Terra, a fim de que, mais tarde, você possa dizer com alegria que o reino de Jesus já é deste mundo.

Conclusão

575
CRÍTICA INSISTENTE

Conclusão – I e II

Há, sim, quem critique o Espiritismo e negue a realidade de que faz parte.

❧

Nega a outra vida.
E, no entanto, veio de lá.

Nega a reencarnação.
E, no entanto, está no corpo.

Nega os Espíritos.
E, no entanto, é um deles.

Nega o anjo benfeitor.
E, no entanto, tem o seu.

Nega a cidade espiritual.
E, no entanto, já esteve nela.

Nega o além-túmulo.
E, no entanto, é o seu destino.

෧

A Doutrina Espírita, através de seus postulados
e experiências, desmoraliza o materialismo, razão
pela qual a crítica mais insistente à Religião dos
Espíritos é daquele que vive o presente com a certeza
de que, no futuro, não há de prestar contas à própria
consciência, perante a Lei Divina.

576
ESCOLHA SENSATA

Conclusão – III

Pergunte a si mesmo qual é a escolha melhor
para você.

❧

O egoísmo que afasta.
Ou a caridade que abraça.

A avareza que nega.
Ou a renúncia que doa.

O interesse que isola.
Ou a bondade que une.

A descrença que fere.
Ou a fé que consola.

A aflição que desanima.
Ou a esperança que reergue.

O Nada que é morte sempre.
Ou o Espírito que é vida eterna.

❧

Diante de tais propostas e ciente de que a Doutrina Espírita se alicerça no Evangelho de Jesus, é certo que a escolha sensata não é o materialismo, que desconhece seu destino no mundo espiritual, mas o Espiritismo, que lhe permite a transformação moral e a felicidade na vida futura.

577
PROGRESSO VÁLIDO

Conclusão – IV

Busque o progresso de acordo com o Evangelho.

ऀ

Seja correto.
Guarde o que lhe pertence.
Respeite a posse do outro.
Não cobice o bem alheio.
Isto é justiça.

Seja fraterno.
Considere sempre o afeto.
Tenha interesse pelo próximo.
Renuncie em favor de alguém.
Isto é amor.

Seja indulgente.
Cultive a benevolência.
Esqueça qualquer ofensa.
Faça do perdão sua rotina.
Isto é caridade.

ے

Entenda que o Espiritismo revive no cotidiano as lições de Jesus e ensina que o progresso válido para a vida eterna é aquele que respeita a lei de justiça, amor e caridade. O resto é temporário.

Vivendo a DOUTRINA ESPÍRITA ے 303

578

É O CONSOLADOR

Conclusão – V

A Doutrina Espírita favorece o progresso moral e fala de seus caminhos.

୨ଈ

Fala do amor.
Amor que é ao próximo.

Fala da caridade.
Caridade que é salvação.

Fala do bem.
Bem que é para todos.

Fala da fé.
Fé que é fortaleza.

Fala do Espírito.
Espírito que é imortal.

Fala de Deus.
Deus que é Pai Amantíssimo.

❧

O Espiritismo descortina o mundo espiritual, explica a evolução, confirma as vidas sucessivas e traz de volta os ensinamentos do Evangelho em sua pureza original.

É o Consolador prometido por Jesus.

579

O BEM MAIOR

Conclusão – VI

A força do Espiritismo está em seus fundamentos.

❧

É a caridade.
O amor incondicional.
Sem ela não há salvação.

É o Espírito.
O ser imaterial e eterno.
Que pensa e sobrevive ao corpo.

É a razão.
A crença com raciocínio.
Fé que não agride o bom senso.

É a reencarnação.
Nascer de novo é preciso.
Bendita misericórdia de Deus.

É a vida futura.
O mundo espiritual.
Destino final e definitivo.

❧

A Doutrina Espírita é garantia de paz e fraternidade, porque traz em suas bases os princípios do Evangelho, segundo os quais o bem maior é você fazer ao próximo o que gostaria que o próximo fizesse a você.

580
O ESPIRITISMO TRANSFORMA

Conclusão – VII

As ideias espíritas mudam a vida interior para melhor em cima de alicerces, cujos efeitos são eternos.

❧

É a fé.
Crença pela razão.
Sentimento religioso.
Certeza da imortalidade.
É o reencontro com a Vontade Divina.

É a esperança.
Resignação na dor.
Coragem no sofrimento.
Convicção da vida futura.
É o reencontro com a Misericórdia Divina.

É a caridade.
Convivência fraterna.
Solidariedade ao outro.
Indulgência para com o próximo.
É o reencontro com a Bondade Divina.

❧

O Espiritismo transforma o mundo interior e é instrumento da renovação íntima, segundo os critérios do Evangelho.

É o reencontro com Jesus.

581
MORAL ESPÍRITA

Conclusão – VIII

A moral espírita é a moral cristã.

❧

Jesus fala do amor ao próximo. O Espiritismo ressalta o exercício da fraternidade.

Jesus fala do Reino. O Espiritismo ressalta a busca do aperfeiçoamento.

Jesus fala de Legião. O Espiritismo ressalta a existência de obsessões.

Jesus fala do nascer de novo. O Espiritismo ressalta a necessidade da reencarnação.

Jesus fala de paz. O Espiritismo ressalta a importância da harmonia.

Jesus fala de reconciliação. O Espiritismo ressalta a conveniência do perdão.

❧

Não há dúvida, pois, de que a Doutrina Espírita traz em si o Cristianismo Redivivo em sua essência pura.

Jesus fala da reciprocidade do bem. O Espiritismo ressalta que a caridade é a solução.

Vivendo a DOUTRINA ESPÍRITA ❧ 311

582
BÊNÇÃO DIVINA

Conclusão – IX

A Doutrina Espírita, revivendo os ensinamentos de Jesus, aponta os caminhos para a conquista da felicidade futura.

❧

É o bem.
O bem em favor de todos.

É o amor.
O amor ao próximo e a si mesmo.

É a benevolência.
Benevolência para com os outros.

É o perdão.
Perdão com esquecimento das ofensas.

É a indulgência.
Indulgência para com a imperfeição alheia.

É a fé.
Fé calcada na razão e no bom senso.

୬ଈ

O Espiritismo é bênção divina que traz a certeza da imortalidade e o conforto da paz interior, quando esclarece que a transformação moral, na esteira das vidas sucessivas, é o que permite cumprir a exortação do Cristo, ao dizer: "Sede perfeitos, como perfeito é o vosso Pai Celestial."

No ano de 1963, **FRANCISCO CÂNDIDO XAVIER** ofereceu, a um grupo de voluntários, o entusiasmo e a tarefa de fundarem um Anuário Espírita. Nascia, então, o Instituto de Difusão Espírita - IDE, cujo nome e sigla foram também sugeridos por ele.

A partir daí, muitos títulos foram sendo editados e o Instituto de Difusão Espírita, entidade assistencial, sem fins lucrativos, mantém-se fiel à sua finalidade de divulgar a Doutrina Espírita através da IDE Editora, tendo como foco principal as Obras Básicas da Codificação, sempre a preços populares, além dos seus mais de 300 títulos em português e espanhol, muitos psicografados por Chico Xavier

O Instituto de Difusão Espírita conta também com outras frentes de trabalho, voltadas à assistência e promoção social, como o Albergue Noturno, evangelização, alfabetização, orientação para mães e gestantes, oficinas de enxovais para recém-nascidos, entrega de leite em pó, vestuário e cestas básicas, assistência médica, farmacêutica, odontológica, tudo gratuitamente.

Este e outros livros da **IDE Editora** subsidiam a manutenção do baixíssimo preço das **Obras Básicas, de Allan Kardec**, mais notadamente, "**O Evangelho Segundo o Espiritismo**", edição econômica.

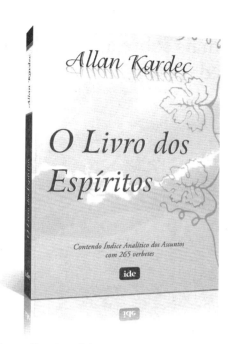

O Livro dos Espíritos
Allan Kardec

Na forma de perguntas e respostas, os Espíritos explicaram tudo o que a Humanidade estava preparada para receber e compreender, esclarecendo-a quanto aos eternos enigmas de sabermos de onde viemos, por que aqui estamos, e para onde vamos, facilitando, assim, ao homem, a compreensão dos mais difíceis problemas que o envolvem.

Todas essas explicações estão contidas neste livro.

Allan Kardec, quando redigiu seus livros, escreveu para o povo, em linguagem simples, e, sendo esta uma tradução literal, a linguagem simples original ficou preservada.

www.ideeditora.com.br

Conheça mais sobre a Doutrina Espírita através das obras de **Allan Kardec**

www.ideeditora.com.br

OUTRAS OBRAS DO AUTOR ▶ ANTÔNIO BADUY FILHO

Vivendo o Evangelho I

Vivendo o Evangelho II

Espírito *ANDRÉ LUIZ*

Importante trabalho do conceituado médium Antônio Baduy Filho que, desde 1969, vem psicografando mensagens do Espírito André Luiz, inclusive em sessões públicas na Comunhão Espírita Cristã, junto ao saudoso médium Chico Xavier.

As páginas que compõem esta obra, dividida nos volumes I e II, resultam de mensagens recebidas nos cultos evangélicos realizados no Sanatório Espírita José Dias Machado, de Ituiutaba, MG, onde o médium realiza trabalho voluntário como médico e diretor clínico.

Trata-se de um estudo, item por item, além do Prefácio e da Introdução, de todos os capítulos de O Evangelho Segundo o Espiritismo, através de preciosos e precisos comentários, do terceiro livro do Pentateuco Kardequiano.

Em ensinamentos claramente expostos pelo Espírito André Luiz, o leitor se sentirá agraciado com um verdadeiro guia para sua evolução a caminho da verdadeira felicidade.

Para o iniciante na Doutrina Espírita, vale lembrar que o Espírito André Luiz nos legou, através de Chico Xavier, notáveis informações sobre a vida no mais além, principalmente na série iniciada pela consagrada obra Nosso Lar, editada pela Federação Espírita Brasileira.

www.ideeditora.com.br

OUTRAS OBRAS DO AUTOR ▶ ANTÔNIO BADUY FILHO

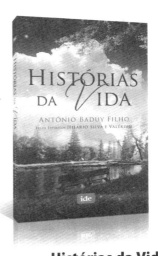

Decisão
Espírito **ANDRÉ LUIZ**

Embora patrimônio da razão, o processo decisório vincula-se ao sentimento.

Ninguém decide sem um motivo e o motivo incorpora afeto.

Por isso, o Espiritismo, revivendo o Evangelho de Jesus, é apelo à fé raciocinada, mas também é chamamento à renovação íntima.

Sem transformação moral, a inteligência sujeita-se aos impulsos primitivos e as decisões beiram a inconsequência do mal.

Estas páginas despretensiosas são um convite a que te decidas pelo Bem.

Histórias da Vida
Espíritos **Hilário Silva e Valérium**

Nesta obra, os Espíritos Hilário Silva e Valérium relatam, em capítulos alternados, de maneira clara, concisa, e sem quaisquer expressões mais rebuscadas, histórias de muito sentimento, geralmente com finais inesperados e surpreendentes. Diversas situações comuns da vida são aqui abordadas com preciosos ensinamentos para o nosso dia a dia. Relatam vivências em que a inveja, o descaso, a irresponsabilidade, o excesso e muitos outros deslizes da inferioridade humana acarretam-nos os sofrimentos que podem nos causar os vários equívocos de nossa vida. Em contrapartida, o próprio texto nos leva a conhecer o correto trilhar em busca do aprimoramento espiritual.

www.ideeditora.com.br

OUTRAS OBRAS DO AUTOR ▶ ANTÔNIO BADUY FILHO

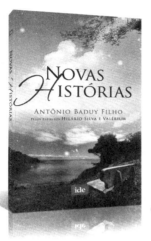

Novas Histórias

Outras Histórias

Espíritos *Hilário Silva e Valérium*

Da série "Histórias da Vida", as presentes páginas nos trazem novos relatos, recolhidos de fatos reais e disfarçados no necessário anonimato.

A experiência de cada personagem relatada com simplicidade e comentada à luz do bem, ensina-nos o respeito às leis divinas, caracterizando esta obra como um precioso manual de vida.

Um livro útil àquele que se dispõe ao aperfeiçoamento íntimo, sempre de acordo com os ensinamentos do Evangelho e com a bênção de Jesus.

Da série "Histórias da Vida", os Espíritos Hilário Silva e Valérium relatam autênticos casos da vida comum, permitindo-nos extrair proveitosas lições para a tão necessária renovação íntima.

No desfilar de cada personagem, encontraremos sempre uma lição a permitir que nos livremos dos sofrimentos que a inveja, a ganância, o orgulho, a vaidade, o egoísmo e o ódio podem nos causar.

E que o amor a Deus e aos nossos semelhantes representam, realmente, as benditas chaves a livrar-nos de nossas próprias algemas de dor.

www.ideeditora.com.br

IDEEDITORA.COM.BR

✱

ACESSE E CADASTRE-SE PARA RECEBER
INFORMAÇÕES SOBRE NOSSOS LANÇAMENTOS.

TWITTER.COM/IDEEDITORA
FACEBOOK.COM/IDE.EDITORA
EDITORIAL@IDEEDITORA.COM.BR

ide

IDE EDITORA É APENAS UM NOME FANTASIA UTILIZADO PELO INSTITUTO DE DIFUSÃO ESPÍRITA, ENTIDADE SEM FINS LUCRATIVOS, QUE PROMOVE EXTENSO PROGRAMA DE ASSISTÊNCIA SOCIAL, E QUE DETÉM OS DIREITOS AUTORAIS DESTA OBRA.